すごいぞ!

はたらく知財

14歳からの知的財産入門

内田朋子　萩原理史
田口壮輔　島林秀行
監修：桑野雄一郎（高樹町法律事務所）

晶文社

監修者《かんしゅうしゃ》まえがき

「知的財産権」。難しそうな言葉ですが、怖《こわ》がらず、まずは目次だけでも眺《なが》めてみてください。みなさんにとって身近なものばかりだと思います。これらにはすべて知的財産権がかかわっています。

おや、と思った項目《こうもく》があったら、まずはそこから読んでみましょう。そこで紹介《しょうかい》されている世界で仕事をしている人がみなさんに向けてさまざまなメッセージを送ってくれています。読んでいくうちに、今まで知らなかった、とても面白いその世界の裏側が見えてくるはずです。そして、その世界のことがもっと好きになり、もっと知りたいと思うことと思います。

この本に登場する知的財産権は、「著作権」、「特許権」、「意匠権《いしょうけん》」、「商標権」、そしてそのほかに「肖像権《しょうぞうけん》・パブリシティ権」などです。それぞれがどのようなものか、簡単に紹介をします。

著作権――人が創作した著作物についての権利

著作権は、著作物（人の思想・感情を創作的に表現したもの）についての権利です。

著作物の種類	具体例
言語	小説、脚本《きゃくほん》、詩、短歌や俳句など
音楽	楽曲および歌の歌詞
舞踊《ぶよう》、無言劇	日本舞踊、バレエ、ダンスなどの舞踊やパントマイムの振《ふ》り付け
美術	絵画、版画、彫刻《ちょうこく》、マンガ、CG
建築	芸術的な建物
地図、図形	地図と学術的な図面、図表、模型など
映画	劇場用映画、テレビ映画、ゲームソフト、スマートフォンで撮《と》った動画
写真	写真、グラビア、スマートフォンで撮った写真
プログラム	コンピュータ・プログラム

これはあくまでも例です。たとえばみなさんが大好きなマンガなどは、絵と言葉から成り立っていますから、美術と言語が合体したものだと考えてもいいかもしれません。

著作物を創作した瞬間《しゅんかん》、これを創作した人（著作者といいます）のところにさまざまな権利が生まれます。みなさんは絵を描《か》いたり、スマートフォンで友だちや風景の写真を撮《と》ったことがあると思いますが、その瞬間、みなさんは著作者となって、作品についての権利を手に入れることになるのです。

著作者のところに生まれる権利は次の通りです。

〈著作者人格権〉

公表権	自分の作品の公表についての権利
氏名表示権	作品への自分の名前の表示についての権利
同一性保持権	作品の改変についての権利

〈著作権〉

複製権	作品のコピーについての権利
上演権・演奏権	作品の上演・演奏についての権利
上映権	作品の上映についての権利
公衆送信権等	作品の放送や配信についての権利
口述権	作品の口述についての権利
展示権	作品の展示についての権利
頒布《はんぷ》権・譲渡権《じょうとけん》・貸与権《たいよけん》	作品の売買やレンタルについての権利
翻訳権《ほんやくけん》・翻案権等《ほんあんけんとう》	作品をもとに新たな作品を作り、その新たな作品を利用することについての権利
二次的著作物の利用に関する原著作者の権利	

このように、著作者がもっている権利には作品の利用のされ方に応じてさまざまなも

のがあります。ですから、みなさんが他人の作品を利用するときには、その利用の仕方に応じた権利について許可を取らないといけません。気をつけないといけないのは、ここに並んでいる権利はそれぞれがまったく別のものだということです。みなさんがよく耳にする「著作権」はこれらの権利をまとめた名前、いわばアイドルグループの名前なのです。ＡＫＢ48にはたくさんのメンバーがいますが、1枚の握手券《あくしゅけん》でメンバー全員と握手ができるわけではありません。あるメンバーと握手してしまったら、別のメンバーと握手するためには別の握手券が必要です。それと同じように、ある利用方法について○○権の許可をもらっても、別の方法で利用するさいにはあらためて別の△△権についての許可を取らないといけないのです。

特許権——人が考え出した発明やアイディアについての権利

特許権は、人の発明やアイディアについての権利です。「あ、私もすごい発明をしたことがある！」という方がいるかもしれません。でも、残念ながら著作権と違《ちが》って特許権は発明をしただけでは権利が生まれません。特許庁への登録をして初めて権利が生まれるのです。J-Plat Pat《ジェイプラットパット》というウェブサイトでは、特許庁に登録されて特許権が生まれている、あるいはこれから登録されて特許権が生まれそうな発明を検索《けんさく》することができます。

本書ではKONAMI《コナミ》のゲームが登場しますが、試《ため》しにみなさんも食べたことがある即席麺《そくせきめん》の「日清食品《にっしんしょくひん》」と入力して検索してみてください。なんと900件以上の発明が出てきます。その中には、「かき玉子の製造方法」、「冷凍《れいとう》お好み焼きの製造方法」など、よだれが出そうなものもあります。

NHKの朝のドラマ「まんぷく」に出てきた萬平《まんぺい》さんのモデルとなった安藤百福《あんどうももふく》さんは、この日清食品の創業者です。ドラマでは何週間にもわたって、萬平さんが即席ラーメンを作るために苦労する姿、そして家計を支えるためレストランで働く福子さんを描《えが》いていました。発明をするためには大変な努力、そしてときにはたくさんのお金が必要になるのです。それなのに、苦労して編み出した発明が、できあがった途端《とたん》に誰《だれ》でも勝手に使ってよいことになってしまっては、発明をした人は報《むく》われません。いずれ発明をする人はいなくなってしまうでしょう。

ですから、特許権が生まれた発明については、無断でビジネスに利用してはいけないことになっています。

意匠権《いしょうけん》――商品のデザインについての権利

みなさんはお店でシャープペンシルを選ぶときには何を基準にしていますか？　値段や色とともに、デザインも気になるのではないでしょうか。シャープペンシルですからどれも機能は似たり寄ったりです。ですから、文房具《ぶんぼうぐ》のメーカーは売れ行きを伸《の》ばそうとそれぞれ工夫をして、実用的でありながらも魅力的《みりょくてき》なデザインを考えています。

あるメーカーが、今までにない斬新《ざんしん》なデザインのシャープペンシルを発売したところ、それが評判になったとします。別のメーカーがすぐにそれを真似《まね》してもいいとなったら、最初に新しいデザインを考えたメーカーは報われません。バカバカしくて、新しいデザインを考えるよりほかのメーカーで売れているものを真似すればいい、そう考えることでしょう。文房具のメーカーすべてがそんな気持ちになったら、どのメーカーのシャープペンシルも似たようなものになってしまうことでしょう。

そこで、特許権と同じように、商品のデザインについても、特許庁に登録をすることで意匠権という権利が生まれ、無断でデザインを真似することができないことになっています。ちなみに、J-Plat Patで意匠を「シャープペンシル」で検索すると300件以上がヒットします。みなさんが使っているシャープペンシルのデザインも登録されているかもしれませんね。

この本では香水の瓶《びん》のデザインが登場します。

商標権——ブランドのマークについての権利

たいていのコンビニで売られている食べ物に肉まんがあります。それぞれ工夫《くふう》をして具材も味付けも微妙《びみょう》に違っていますから、中には食べ比べて、「私は絶対に○○が好き」という人もいます。街を歩いていて、Aコンビニの肉まんが食べたいと思ったとき、みなさんはたくさんあるコンビニの中からどうやってAコンビニを探すでしょう。たずねるまでもないですね。コンビニによって異なる店頭や店員さんのユニフォームについているロゴマークです。

Aコンビニだと思って入って、肉まんを買ったところ、実はそこはBコンビニだったとしたらどうでしょう。食べてみてBコンビニだと知ったら、Aコンビニの肉まんが食べたかったのに、だまされたと思うでしょう。または、Bコンビニだとわからないまま、Aコンビニの肉まんの味が変わってしまった、以前より美味《おい》しいと感じられなくなったと思うのではないでしょうか。

これでは安心してコンビニで買い物をすることはできませんし、Aコンビニの信用も落ちてしまいます。

そこで、これも特許権と同じように、特許庁に登録をしたブランドのマークは、登録をした会社でなければビジネスに使ってはいけないことになっています。

ブランドの「マーク」と書きましたが、同じような機能を果たしている音（インテルのCMで使われる「ピポピポ」というサウンドロゴ）や、立体物（かに道楽のカニの看板）など、さまざまなものがマークと同じように商標として登録されています。

その他

そのほか、本書には有名人の肖像についての権利なども登場します。これらはそれぞれの項目で簡単に紹介をします。

この本を読むにあたって

この本は、最初のページから読み進めてもらってもいいのですが、最初に書いた通り、面白《おもしろ》そうだなと思ったところだけつまみ食いをする、そんな楽しみ方も大歓迎《だいかんげい》です。なぜかというと、実はこの本に登場する人たちが言っていることはすべて同じだからです。それは、

みなさんが目にしているのは、
私たちが苦労して作った、とても大切に思っているものです。
だから、みなさんもそれを大切にあつかってください。
私たちが嫌《いや》な思いをするようなあつかい方はしないでください。

ということです。

ネットの利用が広まり、かつての15歳《さい》と比べるとみなさんがコンテンツにふれる機会

は格段に増えましたし、そんなコンテンツをコピペして利用することも簡単にできるようになりました。でも、この本に登場する人たちのように、みなさんが目にしているコンテンツにはそれに深くかかわり、大切に思っている人がいます。自分があるコンテンツのことを好きだと思ったら、そのコンテンツを作ってくれた人にたいする「ありがとう」という気持ちを忘れないでください。そして、簡単にできるから、自分が楽しいから、そんな理由で使ってしまう前に、こんな使い方をしたら嫌な思いをする人、迷惑《めいわく》だと感じる人がいないだろうか、そんなことも考えるようにしてください。

この本を閉じるとき、みなさんの心の中にそんな気持ちが芽生えていることを願っています。

桑野《くわの》雄一郎《ゆういちろう》

すごいぞ！　はたらく知財――14歳からの知的財産入門　もくじ

この本は4名の著者によって執筆《しっぴつ》されました。
各章の執筆者の名前は、それぞれの本文の最後に記してあります。
取材にご協力いただいた方々の所属および本書の内容は、取材当時のものです。

1 文学

大事な作品が勝手に変えられたら……？

詩人　谷《たに》川《かわ》俊《しゅん》太《た》郎《ろう》さん

谷川俊太郎さんは、日本を代表する詩人です。詩のほかにも、絵本、エッセイ、翻訳《ほんやく》、脚本《きゃくほん》、作詞など、幅広《はばひろ》い分野で創作活動に取り組まれています。みなさんの中にも、教科書や本などで、谷川さんの作品にふれたことがある人が多いのではないでしょうか。

この章のテーマは文学ですが、文学というと、みなさんにとってあまり身近ではない印象があるかもしれません。しかし、言葉で表現するというのは誰《だれ》もが行っていることです。そこで谷川さんに、言葉で表現することの難しさや面白《おもしろ》さ、作品を使う上で注意してほしいことについてお話をうかがいました。

（たにかわ・しゅんたろう）1931年生まれ。1952年の第一詩集『二十億光年の孤《こ》独《どく》』以来、多くの著作を発表。近著に『バウムクーヘン』（ナナロク社）、『そんなとき隣《となり》に詩がいます』（大和書房）など。近年では、詩を釣《つ》るアプリ『谷川』や郵便で詩を送る『ポエメール』などの新たな試みを行っている。

どうやって詩を作るの？

みなさんは、谷川さんがどのように詩を作っていると思いますか？　もしかすると、「ひらめき（インスピレーション）」によって詩が生まれると想像する人が多いのではないでしょうか。たしかに、谷川さんもひらめきが大事だと言いますが、私たちがイメージするひらめきとは少し違《ちが》うようです。

「昔からよく言われる、「天上から女神《めがみ》が舞《ま》いおりて、息をふきかけられると、突《とつ》然《ぜん》詩が書ける」というようなイメージではなく、自分が日本語という豊かな土壌《どじょう》に根を下ろしている植物で、その土壌から**言語の豊かな養分を吸い上げるイメージ**に近い」

つまり、言葉という土壌から新たな芽が出て、それから枝葉が広まり、詩として大きく育っていくイメージです。そして、運がよければ、一言二言、もしくは1行2行の言葉が生まれ、それが詩になっていくそうです。

「その一言二言も、理詰《りづ》めで出てくるのではなく、**本当に思いつきで出てくる。**

たとえば編集者から、「このテーマで詩を書いてください」という依頼《いらい》が来る場合がある。でも、そのテーマについて調べたりして書いていくと、あまり面白くないんですね。それよりも、ぼんやりして、調べたことなんかも忘れちゃったころにポコッと出てきたもののほうが、詩としては良いものになっていくことが多いんです」

　しかし、このように理想的な形で数行の詩ができたとしても、これでできあがりというわけではありません。それから何度も何度も推敲《すいこう》★01を重ねる必要があります。谷川さんの場合、「半日で1篇《ぺん》の詩が書けたら、それを3カ月くらい、いじっていることが多い」そうです。たとえば、ある言葉を別の言葉に入れかえてみたり、漢字をひらがなにしてみたり、あるいはまったく変えてしまったりします。また、主語を「〜は」とするか「〜が」とするか、たった1文字の助詞を変えるだけでも、まったく印象や意味が違ってきます。こうした特徴《とくちょう》も日本語の面白さです。谷川さんは、「くりかえし手を入れることで、かえって作品を悪くしているかもしれない」という不安を抱《かか》えながらも、こうした推敲に取り組んでいくそうです。

★01　詩や文章を良くするため、何度も考え、練り直すこと。

詩にたいする原動力は、言葉の不自由さへの挑戦《ちょうせん》

こうした創作方法は、長年の創作活動を通して谷川さんが少しずつ身につけたものです。詩人としての経験を積むたびに、「詩とは」「日本語とは」という問いを、より深く自分自身に問いかけながら、今の方法や考え方にたどり着いたそうです。こうした探究心の裏側には、谷川さんが若いころから抱《いだ》いていた、言語にたいする不満がありました。

「ぼくの場合、特徴的なのは、**初めから詩というものに疑問があったん**です。「こんなものを書いていていいのか」と。それから、「言葉というものは、なんでこんなに不自由なんだろう。この世界の素晴《すば》らしさを全然表現できていない」という不満があった」

こうしたことが詩人としての原動力となり、何度も何度も違う方法で詩を書いたり、大量に詩を書いたりした時期もあったそうです。

「詩というのは、何らかのメッセージを伝えるためのものではなく、ある美しい言語を存在させるためのもの」と考える谷川さんは、詩を通して、「言葉を最大限

に活《い》かし、表現する」ということに、取り組み続けているのです。

創作活動は社会との相互《そうご》作用

谷川さんの創作活動のプロセスや詩にたいする想《おも》いを知って、みなさんはどのように思ったでしょうか？　作品に一人で黙々《もくもく》と向き合う孤独《こどく》な姿を想像した人もいるかもしれません。しかし、創作活動においては、**他者との交流も大事**だと谷川さんは言います。

詩を作る過程では、散文★02のように編集者が直接かかわることはあまりありません。しかし、できあがった作品をどこの出版社で発表するかといったことは、編集者と一緒《いっしょ》に考えながら決めていきます。また、作品の中で使ったある言葉が差別用語にあたるため、別の言葉に置きかえたほうがいいというアドバイスを編集者からもらうこともあります。差別用語としてその言葉を使ったつもりはなくても、時代が変化するにつれて社会のあり方や言葉の印象なども変わり、かつては問題のなかった言葉が差別用語ととらえられるようになってしまうこともあるからです。

★02　5・7・5のような定型やリズムをもたない普《ふ》通《つう》の文章。小説やエッセイ、評論などがこれにあたります。

こうした他者からのアドバイスや社会の変化を受けて作品が変わってしまうことについて、谷川さんはネガティブにとらえるのではなく、むしろ、その時々の社会との相互《そうご》作用の中で新たなアイディアが生まれ、創作活動につながっていると考えています。

大事な作品が勝手に変えられたら……?

創作活動は一人で完結するものではなく、社会から刺激《しげき》を受けたり、他者からアドバイスをもらったりすることが大切だと書きました。でももし、言葉を一つひとつ慎重《しんちょう》に選び、3カ月もかけて悩《なや》みながら作り上げた作品が知らないところで勝手に変えられたら、みなさんはどう思うでしょう。谷川さんは、「非常に気持ち悪い」と言います。他者と相談しながら、自分が納得《なっとく》して修正するのであればまったく問題ないですが、仮に助詞一つであっても、勝手に変えられるのは嫌《いや》だ。当たり前ですよね。

谷川さんの作品は、日本だけでなく海外でも翻訳されていますが、本という形だけでなく、朗読されたり、曲がつけられたりと、その活用の形はさまざまです。当然、その作品が活用される場面を、谷川さん自身がすべて確認《かくにん》し、誤りを正すことができるわけではありません。たとえば、次のような状況《じょうきょう》について、谷川さんの考えをお聞きしました。

〈作品が翻訳される場合〉

英語など、自分が理解できる言語に翻訳される場合であれば、翻訳者と直接コミュニケーションをとって相談することもありますが、基本的には仲介《ちゅうかい》するエージェント★03に任せているそうです。

谷川さんが海外の作品を日本語に翻訳する場合も同じです。原作を書いた原著作者と直接コミュニケーションをとることは、原著作者が偶然《ぐうぜん》来日するなど、よほどのことがなければありません。谷川さんが翻訳する際には、原作に忠実に表現することは当たり前ですが、**日本語として「正しく、気持ちよく」**することを心がけているそうです。たとえば、英語と日本語では本にしたときのレイアウトも変わってきますので、そういったことも考慮《こうりょ》して、日本語として自然なものになるように翻

★03 原著作者と出版社の交《こう》渉事《しょうごと》を仲介する代理店。

訳していきます。

〈作品が朗読会で朗読される場合〉

谷川さんの詩が朗読会で朗読されることもあります★04。谷川さんは、作品がいったんテキスト化されれば、その先は朗読者の自由であると、明確に一線を引いています。仮に谷川さんが詩にこめた想いとは異なる形で朗読されたとしても、それによって作品が傷つけられたとは思わない。**テキスト化された詩が正しいものであればよい**。つまり、朗読者が作品をどのように声に出して表現するかは、朗読者の自由であると考えているのです。

実際に作品が間違って解釈《かいしゃく》されていると感じることもあります。それでも谷川さんは、詩というものは自由に解釈できるものだと言います。ちなみに谷川さんは、詩は芝居《しばい》ではないので、あまりにも感情をこめて朗読するのは好きではないそうです。

★04 詩や物語などの著作物を公共の場所で朗読する場合、著作権者に無《む》許諾《きょだく》で行えるケースと、許諾が必要なケースとがあります。

〈教育現場で活用される場合〉

朗読会と同じように、詩が学校の授業で活用される場合[★05]にも、解釈が違っていると思うことがあるそうです。しかしこうした場合も、作品の解釈は学校の先生や生徒の自由であり、とやかく言うことではないと考えています。朗読会と同じように、教科書に作品が正しく書かれていれば、その受け取り方は読者の自由ということです。

また、谷川さんが翻訳した作品が部分的に引用される場合については、原著作者が許諾《きょだく》しさえすれば、それに従うということです。

〈歌詞の場合〉

歌のために作詞する場合には、作曲者の自由をうばわないよう、詞としての必然性よりも、歌としての必然性を重視してもらっているとのことです。たとえば、歌の場合は、詩と違って、単純な言葉のくりかえしが増えるそうです。

★05 教育現場での作品利用については、無許諾で使用できる場合と許諾が必要な場合とがあります。

〈連詩の場合〉

谷川さんは、一人で詩を作るだけでなく、複数人で即興《そっきょう》で詩を作ることもあります。これを**連詩**といいます。連詩では、一人ずつ順番に言葉を付け加えながら、一つの詩をみんなで作り上げていきます。前の人からの言葉を受けて、その意図をくみ取りながら、そして次の人が続けやすいように、言葉を付け加える。なかなか難しそうですよね。そのため、連詩にはいくつかの暗黙《あんもく》のルールがあります。たとえば、「同じようなことをくりかえしてはいけない」「真正面からのアプローチはさける」といったものです。谷川さんは、海外の詩人とも連詩を作ることがあるので、こうした暗黙のルールを共有できないこともあるそうです。それでも、そうした暗黙のルールを共有していないからこそ、予期せぬ方向に詩が育っていき、かえって面白くなることもあると言います。

こうした連詩の場合、作品は全員で共有することになりますが、その活用については主催者《しゅさいしゃ》に任せているとのことです。

ほんとに大事なものはみんな只《ただ》

大切な作品が勝手に変えられてしまうことも問題ですが、勝手に使われてしまうことも問題です。さらに作品によって収益が生まれる場合、★06 その収益が作者に還元《かんげん》されないのもおかしいですよね。

ただし、「過剰《かじょう》にこうしたことが懸念《けねん》されて、作品がまったく活用されなくなってしまうのもつまらない」と谷川さんは言います。作家は基本的に、自分が生活できる分の収入さえ確保できればよいという考えのため、同人誌への作品の掲載《けいさい》など、運営者に十分な収益がなく、原稿料《げんこうりょう》が支払《しはら》えないような場合には、無料で作品を利用することを許可することもあるそうです。ただし、その著作権利用が相当な収益を生み出す場合には、その収益は作者にも還元されるべきだと考えています。

「歴史的には著作権という概念《がいねん》はなく、たとえば、源氏物語には著作権はなかった」★07 と谷川さんは言います。著作権は、かならずしも本質的なものではないということですね。谷川さんが30歳《さい》のころに書かれた「只《ただ》」という詩に、著作権にたいする谷川さんのそうした考え方が表れています。

★06 詩にメロディをつけてCD化する、物語をドラマ化するなどの場合。

★07 日本では、ベルヌ条約（58ページ参照）への加盟に合わせて、1899（明治32）年に著作権法が成立しました。法律ができた時点から800年以上昔に書かれた源氏物語には、著作権は発生しません。

只

本に値段があるなんて
ピカソの絵が何百万だなんて
別れた女に慰謝料《いしゃりょう》出すなんて
特許使用料だなんて
著作権使用料だなんて
詩を書いて稿料もらうなんて
なんてなんて未開な風習だろう！

空気も海も天の川も
愛も思想も歌も詩も
女も子供も友人も
ほんとに大事なものはみんな
只！
　　…のはずなのに

『現代の詩人〈9〉谷川俊太郎』（1983／中央公論社）より

この作品を作った当時、社会的に著作権にかんする意識や規制が厳しくなり始めたことにたいして、思うところがあったそうです。

十数年前の中国では（かつての日本でも同じですが）、一つの雑誌に詩の翻訳が掲載されると、その作品がほかの雑誌にも勝手に掲載されることがありました。谷川さんは「もちろん、それで困る人が出てくるのはいけないが、創作のためにはそうした自由さがあってもよい」と考えています。中国は、詩に限らず、文化的なエネルギーがあふれており、どんどん新しい文化が生まれています。著作物への規制を厳しくしすぎると、そうした**文化的エネルギーをうばってしまう**可能性もあるようです。

どうしたら、谷川さんのように詩を作れるようになるの？

最後に、谷川さんに創作活動にかんする考えや経験について聞いてみました。みなさんがこれから勉強したり、仕事をしたりする上で参考になることがいくつかあるかもしれません。

〈いろいろな経験が大事〉

詩を作り上げるのは、「言葉という土壌からその豊かさを吸い上げるイメージに近い」というのは、冒頭《ぼうとう》に書きました。ですが、吸収した養分から良い作品を生み出すためには、自分自身もいろいろな経験をする必要があると言います。実際に生きていくことで得られる経験、本や絵などほかの人が創造したものから得られる経験……。いろいろな経験を重ねることで、同じ土壌から新しい言葉をひき出すことができるのですね。

〈年齢《ねんれい》は年輪のようなもの〉

谷川さんが詩を作るときは、0歳から90歳ぐらいまでの読み手を想定しているそうです。もちろん、読み手の年齢層を考慮して難しい言葉を使わないなど配慮することはありますが、「大人にとって面白くないものは、子どもにとっても面白くなるわけがないだろう」というわけです。

谷川さんは、人間の年齢を木の年輪のイメージでとらえているそうです。真ん中に0歳の自分がいて、一番外側に現在の自分がいる。年輪の輪が一つずつ増えていくように、年齢を重ねても、真ん中には、常に幼いころの自分が隠《かく》れているのです。

〈何をするにも言葉の力は必要〉

最近、谷川さんが住む自治体のルールが変わったのですが、その案内の手紙がとてもわかりづらかったそうです。こうした日本語の構造や文法を十分に理解していない人が書いたのではないかと思う文章には、ときどき出合うことがあると言います。

「日本の国語教育は散文にかんする指導があまり盛《さか》んでなく、日本人は口頭で気持ちを伝えることにあまり慣れていない」と谷川さんは言います。自分の意思をわかりやすく正確に伝える力を身につけるには、友達とたくさんおしゃべりをすることがもちろん大切ですが、それだけでは十分でありません。友達同士では、言葉にしなくても伝わってしまうことが多いからです。そのため、できるだけ多くの大人と、言葉でコミュニケーションができるようになることが必要になってきます。

谷川さんは、社会の変化に合わせて、自分の言葉を常に更新《こうしん》し続けてきました。

たとえば最近では、若いころには使えなかった古風な言葉を使うようになってきたそうです。こうした言葉には、かえって時代の流行にながされない素晴らしさがあると言います。

〈過去の経験がどんな形で生かせるかわからない〉

谷川さんは子どものころ、模型飛行機や真空管★08ラジオ作り、工業デザインなどの、ものづくりに関心があったそうです。その後、詩人という道を選びましたが、ものづくりへの関心は今も生きており、詩集を出版するときには、本の装丁《そうてい》だけでなく、印刷されたときの**詩の「形」にもこだわる**そうです。

「たとえば、同じ字数の行が3行続くと嫌《いや》なんです。やっぱりデコボコにしたい（笑）。そういうことも考えて推敲しています」

〈芸術の道は大変〉

もともとはものづくりに関心があった谷川さんが詩を始めたのは、詩を書いていた高校の同級生に誘《さそ》われたのがきっかけです。誘われるまま試《ため》しに書いてみたとこ

★08　電流をコントロールするための旧式のしくみ。1960年代までテレビやラジオに使われていました。

ろ、「詩みたいなもの」ができたので面白くなり、継続的《けいぞくてき》に取り組むようになったそうです。その後、進路について父親の谷川徹三《たにかわてつぞう》さん★09と話していたとき、書きためていた詩を見せたところ、父親がそれを気に入り、知人である詩人の三好達治《みよしたつじ》さん★10のところに持っていってくれました。それが高く評価され、文芸誌に掲載してもらったのが、詩人としてのキャリアの始まりだそうです。

詩人となった経緯《けいい》について、「自分はとても環境《かんきょう》にめぐまれており、極端《きょくたん》に運がよかった」と谷川さんは振《ふ》りかえります。そして、芸術活動に関心がある現代の子どもたちに向けて、最後にこう付け加えました。

「今は、文芸やアートなどの**創造的な仕事だけで生活していくのはすごく大変**だから、まずは地道にサラリーマンをしたほうがいいよと言いたい（笑）。とにかく芸術活動をするなら、ちゃんとした生活手段をもってからのほうがいい。まずはなにより、現実に生きていかなきゃいけないんだから」

生きていくことで得られるさまざまな経験の上につむがれた言葉には、人の心を動かす力があります。そうした人の心を動かすための創造力は、芸術家に限らず、

★09 1895年〜1989年。哲学者、元法政大学総長。

★10 1900年〜1964年。詩人、翻訳家、文芸評論家。

どんな職業においても必要な力ではないでしょうか。

（田口）

文学

著作者人格権という権利

谷川俊太郎《たにかわしゅんたろう》さんの作品は、詩、絵本、小説、対談、映画やドラマの脚本《きゃくほん》、海外の作品の翻訳《ほんやく》など、幅広《はばひろ》い分野にわたっています。著作物の種類でいえば、「**言語の著作物**」をすべて網羅《もうら》していると言ってもいいくらいです。

このようにさまざまな種類の作品を創作されていますが、一言一言、1行1行の言葉を推敲《すいこう》しながら積み重ねて作品が成り立っているという意味では同じようです。クラスで一《いっ》致団結《ちだんけつ》して取り組んだ学園祭について作文を書いても、生徒それぞれで内容は千差万別《せんさばんべつ》です。同じことを伝える場合でも、どんな言葉を選び、どんな順序でそれを伝えるのかは人それぞれです。また、みなさんも誰《だれ》かとケンカをしたときなどに、言いたいことはわかるけど、そんな言い方をしなくたっていいじゃないか、そんな風に思うことはありませんか。

言葉の選び方、並べ方によって相手の受け止め方もさまざまなのです。

谷川さんに限らず、言語の著作物では、何が書いてあるかということだけでなく、それをどう伝えているか、言葉の選び方、並べ方にも書いた人の考え方や個性が表れています。

著作権の中には、**著作者人格権**という権利があります。著作者人格権には、作品を公表するかどうかを自分で決めるという**公表権**、作品の著作者名の表示をどうするかを自分で決めるという**氏名表示権**、内容やタイトルを勝手に改変しないでくれという**同一性保持権**の三つの権利があります。いずれも、作品には創作した人の人格が表れているという考えから認められている権利です。谷川さんのメッセージを読むと、谷川さんの作品についてこれらの権利が認められているのも当然のことだと理解できたのではないでしょうか。作品を勝手に変えられるのは嫌《いや》だという気持ちは、谷川さんに限らず、その作品を創作した人なら誰でも思っていることだと思います。

他方で、作品が世の中に広まること自体については谷川さんも歓迎《かんげい》しているようです。大きな利益が生まれるような場合でなければ、必ず料金を払《はら》ってほしいということでもないようです。

作品にこめられている谷川さんの思いを大切にしながら利用することが大切ですね。

2

音楽

保護と利用の正しいバランスって？

ユニバーサルミュージック合同会社

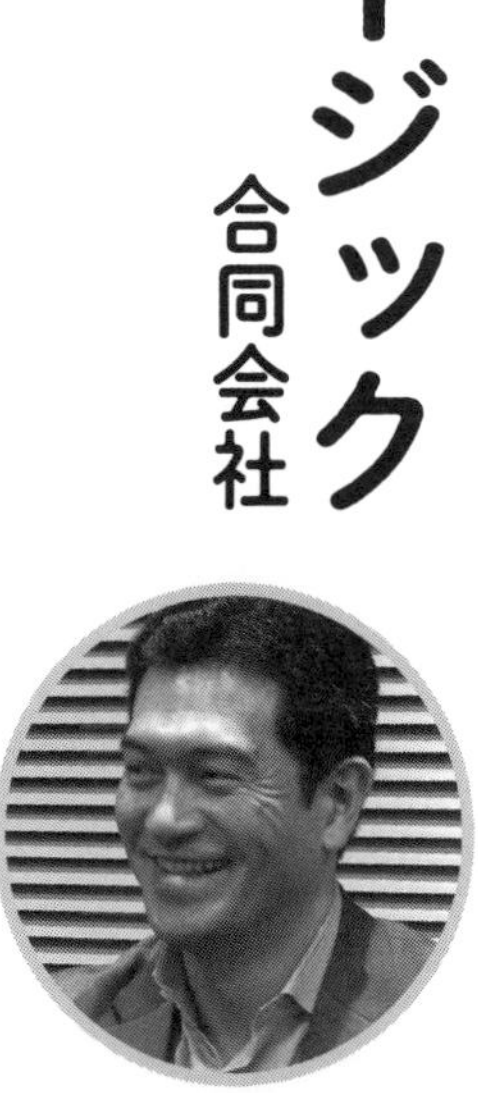
お話をうかがった島田《しまだ》さん

誰《だれ》にでも、好きな音楽、なつかしい音楽があると思います。そのメロディや歌詞を聴《き》いたとき、特別だった時間、大切な家族、友人などを思い出し、人はほほえんだり、涙《なみだ》を流すことさえあります。日常の中で当たり前のように流れる音楽ですが、みなさんの耳に届けられるまで、アーティストと音楽会社がさまざまな苦労と努力を重ねて作り出している創造物なのです。

数々の素晴《すば》らしい音楽を世に送り出す音楽会社、ユニバーサルミュージック合同会社の執行役員《しっこうやくいん》・島田《しまだ》和大《かずひろ》さんに、「知的財産の代表選手」——音楽をめぐるさまざまな権利についてお話をうかがいました。

ものづくりの「上流」と「下流」

みなさんは「音楽会社」と聞くとCDを作って売っている会社、と思うかもしれません。少し前は「レコード会社」と呼ばれていた音楽会社にとって、もちろんそれらの仕事は大切な仕事の一つであることに変わりはありません。これに加えてインターネットの普及《ふきゅう》によって、「音楽業界は、とても速いスピードで変化し続けています」と島田さんは言います。こんにちの音楽会社は、音楽を中心に、エンタテインメントにかかわるさまざまな仕事を行っている組織なのです。

ほとんどのものづくりには、川の流れのような作業の工程があり、「**上流**」と「**下流**」にそれぞれ大切な仕事があります（これはどちらが上でどちらが下という意味ではないので誤解しないでくださいね）。

音楽会社では、上流部分でアーティストを発掘《はっくつ》し、多くの人に聴いてもらえる音楽を一緒《いっしょ》に作り出す仕事を行います。音楽会社のスタッフは、作り手であるアーティストの才能と感性を大切にしながら、「どんな音楽を作るのか？」について彼《かれ》らとともに試行錯誤《しこうさくご》を重ねていきます。まさに「創造（クリエイション）」の現場です。

そして下流の部分では、できあがった音楽を世に広めるため、CDやデジタルデータなどの形で商品化された楽曲をアップル、アマゾンなどのデータを配信する企《き》業《ぎょう》やタワーレコードなどの小売店に展開していきます。同時に、ポスターやCMを作ったり、ライブイベントを企画したりするなど、アーティストや楽曲を広く知ってもらう試みをさまざまな形で行っています。

ネットが普及するようになってから、音楽を人々に届けるための宣伝や販売《はんばい》の方法が多様化し、下流部分の仕事はより重要になってきたと島田さんは考えています。音楽に限らず、映画、車、家電製品、本・新聞、洋服など、すべてのものづくりの現場には、この流れがあります。上流から下流までの流れの中に、ゼロから作品を作り出す創造の過程があるのです。

才能をめぐる権利と契約《けいやく》

このように、音楽はまさにゼロからスタートして作られる創造物であり、島田さんによると、その制作の場はやはり「とても楽しい現場」だそうです。

それでは、音楽が世に出て、ヒットし、スターが誕生するまでの過程はどのようなものなのでしょうか？　それは、みなさんが想像するとおり――たとえば、ハリウッドで何度か映画化された「スター誕生」★01の物語そのままの世界かもしれない、と島田さんは言います。

音楽会社では日ごろから、新しい才能にかんするさまざまな情報を探しています。「北海道のライブハウスで良い演奏をしている若者がいる」「代々木公園で歌っているストリートミュージシャンの周りに人がたくさん集まっている」。入手した情報をもとに、アーティストの発掘や育成を担当する社員が全国に足を運びます。そして、豊かな才能をもつアーティストと出会ったとき、彼らと専属契約《せんぞくけいやく》を結ぶことになるのです。

また、作詞家や作曲家が「この子に歌わせたい」という新人アーティストの候補となる人たちを、アーティストやタレントが所属する事務所などがオーディション

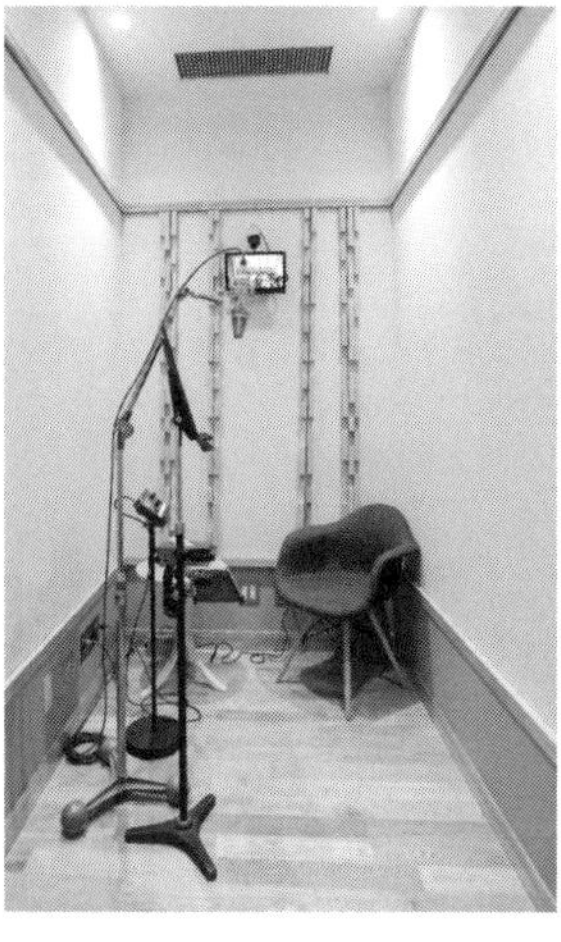

レコーディングスタジオでは多くの試行錯誤があります。

★01 映画スターにあこがれる主人公が、女優として成功するまでを描《えが》いた有名なハリウッド映画。音楽業界に舞台《ぶたい》を移したリメイク版も知られています。

などでチェックしながらその才能を見極《みきわ》める場合もあります。まさに「感覚」「感性」が勝負の世界です。無名の新人がスターへの一歩をふみだす最初の瞬間《しゅんかん》かもしれません。

島田さんの会社では、こうして毎年複数の新しいアーティストと契約を結びます。音楽をはじめ、ものづくりの世界では、どんな業界でも創造物をめぐるそれぞれの「権利」が発生します。その権利のもとに生まれる利益の配分を、作り手や会社の間で契約により決めるのです。この契約と契約書作成という仕事はとても大切なものになります。

音楽の世界では、作詞家・作曲家に**著作権**が発生します。また、音源となる**マスターデータ（原盤《げんばん》）**をレコーディングの場で作り出しますが、その製作者としての音楽会社は、このマスターデータやそれをもとに作られたCDなどを無断で利用されない権利（**レコード製作者の権利**★02）をもっています。この権利は「将来、音楽産業で働きたい子どもたちにぜひ覚えておいてほしい」と島田さんは言います。マスターデータがCDや配信されるデジタルデータの基《もと》になり、ラジオやCM、ドラマや映画の楽曲としてみなさんに聴かれることになります。マスターデータなしに音

★02 通称《つうしょう》「原盤権」と呼ばれます。後述する著作《ちょさく》隣接権《りんせつけん》の一つで、たいていはマスターデータの製作費を負担した音楽会社などが保有します。

楽は世に出ていけない、まさに「音の源」——命なのです。これを制作するために一緒に汗《あせ》を流しお金を使ったアーティスト、音楽会社、芸能事務所で、マスターデータを共有することも多くあります。このデータは最も大切な財産として、音楽会社に大事に保管されているのです。

音楽を世に送り出す宣伝活動

こうして制作の現場で音楽が完成すると、音楽会社やアーティストの所属事務所などは、その作品を世の中に広めるための活動を行います。作品を世の中に伝達するために重要な役目を果たす企業や人には、**著作隣接権**《ちょさくりんせつけん》★03という権利が生まれます。先ほど紹介《しょうかい》した「レコード製作者の権利」もここにふくまれます。音楽会社は、この著作隣接権を活用して音楽の販売活動を行い、利益を生み出す努力をします。インターネットの普及によって、できあがった作品をより多くの人に届けることが可能になりましたが、同時に、作品の魅力《みりょく》を人に伝える宣伝の分野でも、制作分野とは違《ちが》う多彩《たさい》な創造力（クリエイティビティー）が求められるようになりました。

★03
アーティストも実演（演奏、歌唱）することで作品に大きな貢献《こうけん》をしているので、実演家の著作隣接権があたえられます。ほかに著作隣接権をもつのは、テレビやラジオの放送事業者、有線放送事業者です。

では、音楽宣伝の主な仕事とはなんでしょうか？　まず、アーティストや作品ごとに市場調査を行い、CDショップなどの小売店やオンラインストア、音楽配信企業などと販売にかんする交渉《こうしょう》を進めます。そして、それぞれのお客さんの年齢層《ねんれいそう》・好み・ライフスタイルなどを分析《ぶんせき》し、キャンペーンを企画します。今は、お客さんが音楽を買うための手段が多くあるため、以前と違って、商品の魅力をどのようにアピールするかなどの**マーケティング**★04力も重視されるようになりました。また、購《こう》入者《にゅうしゃ》向けの特典グッズやイベントなど、商品の付加価値を考えることも大切になってきており、新しい企画が常に求められているのです。

音楽会社は、新たに生まれた作品やアーティストをより多くの人に知ってもらうために、このようなさまざまな取り組みを行います。この仕事の中にこそ、「曲が大ヒットしていく過程を実感できる楽しさがある」と島田さんは言います。

作品が発売されると、それに合わせてライブツアーが行われることがあります。ＹｏｕＴｕｂｅなど、さまざまなインターネット配信サービスが生まれましたが、アーティストの演奏やパフォーマンスを生で体験する需要《じゅよう》は年々高まっています。

★04 客のニーズを調べ、商品作り、宣伝、販売などに活《い》かす取り組み。

日本では、この10年の間にライブの入場者数は約2・4倍に増えているのです。★05 どんな人にとってもワクワク感が体験できるのは、なんといっても「現場」なのかもしれませんね。

ライブやツアーの多くはアーティストの所属事務所やイベント会社などが行います。しかし、音楽会社も、著作隣接権を彼らと共同でもっている場合があるため、アーティストや楽曲の宣伝活動などを通して、ライブの仕事にも間接的にかかわるケースが増えています。そのため、ライブの収益の一部を契約によって得ることもできます。このように、音楽会社が主体にならない仕事でも、「協力して最大の価値をめざすこと」が、音楽産業の発展のためにに何より大切であると島田さんは考えています。

★05　2006年と2015年を比較。一般社団法人コンサートプロモーターズ協会調べ。

どんな創造活動もタダではない

ネット上で、音楽を聴く・見る機会が、多く得られる時代になりました。スマートフォンやパソコンでアクセスすることで簡単に素敵な音楽に出

ライブ運営にはさまざまな人々がかかわります。
©istock.com/simonkr

合えることは、良いことだと島田さんは受け止めています。そして音楽会社も、こうした機会を提供している**インターネット配信サービスとの協力**を進めているのです。

理由の一つとして、音楽が好きな若者が自分たちの演奏する映像を動画サイトにアップするようになり、音楽会社のスカウト担当者たちが、才能発見のためにYouTubeなどを使うようになったことがあります。

もう一つの理由としては、インターネットが若い世代において、すでにテレビ、新聞、雑誌などと同じメディアとしての地位を獲得《かくとく》するようになったことが挙げられます。たとえば、新曲のミュージック・ビデオをYouTubeにアップすることで、宣伝効果が生まれるようにもなりました。

また、「歌ってみた」「踊《おど》ってみた」動画★06のように、音楽会社のコンテンツを使ってSNSの利用者が作った映像（ユーザー生成コンテンツ＝UGC）の中には、作品の宣伝につながるものもあります。作品に感動し、その思いを仲間と共有したいという純粋《じゅんすい》な気持ちはとても大切です。友だちに聴いてもらいたくてUGCを作成したり、音楽配信サービスへの加入をすすめてくれることは、優《すぐ》れた音楽の普及活動

★06 各種動画サイトにおけるダンス動画やカラオケ動画などの総称。

につながるからです。

しかし、ネットが人々の生活に大きな影響力《えいきょうりょく》をもつようになり、さまざまな音楽や映像が無料で簡単に視聴《しちょう》できる時代だからこそ、「音楽をふくむあらゆる創造物は決して無料ではない」「ネットの世界は何でも自由にできる無法地帯ではなく、守るべきルールやマナーがある」ことを、何より理解してもらいたいと島田さんは言います。「多くの関係者の努力によって生まれた創造物は本当に尊いものであり、気軽に「タダ」で手に入れてよいものでは決してない」ことを、みなさんに覚えてほしいのです。

音楽会社は、アーティストや制作者の権利を侵害《しんがい》する違法《いほう》な映像がネット上にアップされたときは、ＩＴ技術を使ってブロックする（アクセスできなくする）こともあります。

音楽などの創造物を作った人たちがもつ著作権、著作隣接権を意図せずふみにじる動画サイトが、ネット上に無数にあることは事実です。島田さんは、「**海賊版**《かいぞくばん》」★07と呼ばれるこれらの違法コンテンツを厳しく取りしまるばかりでなく、音楽を「**保**

★07
著作権者などに無断でコピーされた音楽ＣＤやＤＶＤ、ゲームソフトなどのこと。

護すること」と「利用すること」の正しいバランスを考えながら、ネットに接することが重要だと考えています。保護するとは「許諾《きょだく》なしに違法で音楽をインターネット上で使わないこと」であり、利用するとは「アーティストの権利をふみにじらないように、音楽を仲間同士や仕事場で共有すること」です。

少し前まで、違法映像や海賊版が流通するインターネットは、音楽を作る人たちの生活を脅《おびや》かしてしまう怖《こわ》い存在でした。しかしこれから、音楽会社やクリエイターは、インターネットと対立するだけではなく、話し合いながら問題を解決していくことがますます大切になっていきます。私たちは、別の分野の人たちとの「共存共栄」の方法を探しながら生きる必要があるのです。

音楽は人の内面を豊かにする

平安時代に生まれた雅楽《ががく》をはじめ、日本には独自の音楽文化があり、明治、大正時代にかけてはクラシック音楽などの西洋音楽が輸入されるようになりました。こうして、さまざまな音楽にふれられる環境《かんきょう》を私たちは育んできたのです。

明治時代に生まれた音楽会社の仕事は、レコード・CDの制作・販売、そしてサブスクリプションサービス★08に至るまで、長い歴史の道のりを歩んできました。ネットから音楽を入手する時代になっても、CDもまだまだ需要があります。アナログレコードを買う人も世界的に増えています。ライフスタイルに合わせて音楽の楽しみ方も広がっているのです。

多くの音楽が世界中でより速いスピードで共有できる時代になり、アーティスト同士の競争も激しくなりました。島田さんの会社でも、毎年多くの新人を世に送り出していますが、作品を発表し、アーティストとして活動を続けることは容易なことではありません。だからこそ、絶え間ない努力を重ねて創造活動を行うアーティストや音楽会社がもつ**権利の大切さ**を、将来音楽の仕事をしたい子どもたちや、音楽を愛するすべての人に知ってもらいたいと、島田さんは考えています。

音楽があることで人生は豊かになります。受験勉強をしていたときによく聴いた曲、部活の友だちや学生時代の仲間との楽しい時間がよみがえる曲は、大人になっても忘れられないものです。「誰か」にあこがれる気持ちも、歌手やアーティスト

★08 音楽の定額聴き放題サービスのこと。

を通して初めて体験することが多いと言われています。

文学、映画、舞台《ぶたい》など、エンタテインメントの分野の作品はどれも素晴らしい面をもっていますが、音楽の良さは、くりかえし再生しやすく、部屋、電車、車の中、旅先など、どんな場面でも手軽にふれることができるところではないでしょうか。

島田さんは、「**人生は常に音楽とともにある**」と言います。人の内面をこんなにも豊かにし、彩《いろど》ることのできる「音楽」——その創造に携《たずさ》わる音楽会社の仕事を通して、社会的な貢献を果たせることに大きな喜びを感じています。

（内田）

+α《プラスアルファ》

パリで生まれた音楽家の思い

音楽著作権管理団体の存在やJASRAC《ジャスラック》（日本音楽著作権協会）の名前を聞いたことはあっても、具体的な活動のイメージはわかないかもしれません。「著作権者から音楽著作権を預かり管理する」「作品を使いたい人に許諾《きょだく》を出し、著作物使用料を集める」「集めた使用料を著作権者に分配する」というのが、JASRACをはじめ世界各国にある音楽著作権管理団体の基本的な仕事です。でも、どうしてこのような仕事が必要なのでしょうか。JASRACで働く広報部の小川共行《おがわともゆき》さんに著作権管理の歴史と役割、そして使命を教えてもらいました。

19世紀のフランスで始まった音楽著作権管理団体の歴史

お話をうかがった小川《おがわ》さん

音楽著作権管理団体の歴史は19世紀のフランスで始まりました。それは１８４７年のこと。三人の作詞家と作曲家がパリのシャンゼリゼ通りにあるカフェ★01に入ったところ、自分たちの音楽が断りなしに(もちろんタダで)演奏されているのを目撃《もくげき》してしまいます。その様子に胸を痛めた三人は、食事を終えると、その代金を払《はら》わないと店に伝えました。彼《かれ》らのメッセージは、「私たちが一生懸命《いっしょうけんめい》作った音楽を無断で、対価も払わずに演奏するのは許さない」という権利の主張だったのです。

その後、作詞家の一人がカフェにたいし、自分の音楽を無断で演奏しないように裁判を起こしたところ、裁判所は作詞家の主張を認めました。この裁判で、著作権の一つである「演奏権」（音楽を公《おおやけ》に演奏する権利）の存在が、あらためて確認《かくにん》されたのです。しかし、当時音楽が無断で演奏されていたカフェや飲食店はたくさんありましたから、すべての店から使用料を集めるのはとても大変なことでした。そこで三人はほかの音楽仲間と協力して、１８５１年に著作権管理のための団体を創設しました。これが、世界最古の音楽著作権管理団体であるフランスのＳＡＣＥＭ《サセム》です。その後、ドイツ、イギリス、アメリカでも同じような団体★02が次々と生まれていきました。

★01 踊《おど》りなどのショーを見せる飲食店＝カフェ・コンセールのこと。

★02 現在のＧＥＭＡ《ゲマ》（ドイツ）、ＰＲＳ《ピーアールエス》（イギリス）、ＡＳＣＡＰ《アスキャップ》（アメリカ）などがこれにあたります。

アジアのリーダーとしてのJASRAC

日本では1939年に、最初の著作権管理団体である大日本音楽著作権協会★03(JASRACの前身)が生まれました。信託者《しんたくしゃ》の第1号は詩人・小説家の島崎《しまざき》藤村《とうそん》。設立後には、作曲家の山田耕筰《やまだこうさく》をはじめ、海外の著作権管理事情にくわしい人たちの協力により、組織の基盤《きばん》作りが進みました。21世紀のこんにち、JASRACは著作権協会国際連合★04(CISAC《シザック》)という国際組織の理事団体として、国内外でさまざまな著作権の啓発《けいはつ》活動を行っています。

日本の音楽はこんにち、世界中で愛されています。各国で利用される日本の音楽著作物は、ベルヌ条約★05などの国際条約により、その国の著作物と同等に保護され、SACEMなど各国の管理団体からJASRACに使用料が送られてきます。使用料の多い作品を見ると、「ドラゴンボールZ」などのアニメ関連作品がたくさんあります。しかし、欧米《おうべい》に比べ、アジアの国々では、著作権管理の歴史が浅く、著作権の保護はまだ十分とは言えません。そのためJASRACでは、韓国《かんこく》、中国、香港《ほんこん》、マレーシアなどの管理団体から研修生を受け入れたり、CISACのアジア地

★03 ドイツ語教師として来日していたドイツ人のウィルヘルム・プラーゲが、ヨーロッパの著作権管理団体の依頼《いらい》を受け、放送局などに音楽作品の使用料を求めた「プラーゲ旋風《せんぷう》」が設立のきっかけになりました。その後、日本文藝家協会など、音楽以外の著作権管理団体も生まれました。

★04 世界中の芸術分野(音楽、映像、演劇、文芸、美術など)の著作権管理団体によって構成。2019年6月現在、120カ国・地域の232団体が加盟。

★05 著作権を国際的に保護

域の活動を支援《しえん》したりして、アジア各国の著作権管理の水準を向上させるための取り組みを積極的に行っています。

若い世代に向けて

ＹｏｕＴｕｂｅなどの登場で、若者たちも自分が作った音楽を簡単に発表することができる時代になりました。インターネットで音楽を無料で楽しんでいるユーザーも、自分が創作した作品が断りなくタダで使われることがあるかもしれません。ＪＡＳＲＡＣは、音楽を使えることが当たり前だと思っている若い世代にも、音楽には著作権があり、作品の利用の対価がクリエイターの創作活動を支えているということをぜひ知ってほしいと考えています。そのため、啓発リーフレットの配布や、インターネット番組を配信するなどの取り組みを通じて、中高生に向けて「著作権を守ることの大切さ」を発信しています。こうして音楽を「作る人」と「使う人」のかけ橋となることが、ＪＡＳＲＡＣの大切な使命なのです。

（内田）

するための国際条約で、1886年にスイスのベルヌで作成。著作権の発生には手続を必要としないという無方式主義や、著作権の保護期間などを定めています。日本は1899年に加盟し、2019年7月現在、世界177カ国が加盟。

ＪＡＳＲＡＣのオリジナルキャラクター「ジャスラ」

教えて！桑野先生

音楽

著作隣接権《ちょさくりんせつけん》〜レコード製作者の権利

みなさんにとって最も身近な著作物が音楽かもしれません。みなさんは音楽というと好きなアーティストや作詞家・作曲家には関心があっても、音楽会社についてはあまり考えたことがなかったかもしれません。ところが、島田さんの話を聞くと、音楽会社はまだ無名のアーティストを発掘《はっくつ》するところから、コンサートなどの活動にもかかわっていることがわかります。音楽という文化を生み出し、世の中に広める上でとても大きな役割を果たしている彼《かれ》らは音楽に不可欠な存在で、まさに「音楽会社」なのです。

ところが、著作権法で著作権が認められるのは作品を創作した人、つまり作詞家や作曲家です。音楽会社は、自分で音楽作品を創作しているわけではありませんから、作詞家・作曲家のような著作権は認められません。しかし、音楽会社の果たしている役割の大きさを考えると、音楽という文化の発展のためには音楽会社にも一定の権利を認める必要があります。そこで音楽会社には著作権ではありませんが、著作権に隣接《りんせつ》する権利（**著作隣接権**）の一つとして**レコード製作者の権利**が認められています。音楽会社によってレコーディングをした音源のことを**マスターデータ**（**原盤**《げんばん》）といいますが、レコード製作者の権利はこの原盤、そして原盤をもとに作られたCDなどを無断で利用されない権利なので**原盤権**と呼ばれることもあります。

　レコード製作者の権利には、具体的には原盤やそれをもとにしたCDなどについての**複製権**（無断で複製をされない権利）、**送信可能化権**（無断でサーバーにアップをされない権利）、**譲渡権**《じょうとけん》、**貸与権**《たいよけん》（無断で譲渡や貸与をされない権利）があります。なお、貸与権（レンタル）は一定期間が過ぎると解禁になりますが、この場合はレンタル事業者からお金が支《し》払《はら》われます。また、CDなどを放送で流すことについては禁止する権利はありませんが、放送局から使用料が支払われることになっています。

　このレコード製作者の権利は著作権とはまったく別の権利です。たとえばCDを映像に取りこむ場合などは、著作権について許可が出てもレコード製作者の権利（複製権）について許可が得られない場合もあるので、気をつける必要があります。

3

映画

「ゴジラ」の世界観を守るには

東宝株式会社（映画『シン・ゴジラ』）

夢や感動、喜びをもたらす映画作品――そうした映画を長きにわたって提供し続けてきたのが、東宝株式会社です。東宝は、時代に即《そく》した新鮮《しんせん》な企画《きかく》を提案し、世の中に最高のエンタテインメントを提供するというビジョンを掲《かか》げています。そうした同社にとっても代表的なエンタテインメントであるのが「ゴジラ」の映画シリーズではないでしょうか。２０１６年にはゴジラシリーズの第29作目となる『シン・ゴジラ』が上映され、大きな話題となりました。国内における興行収入（映画館の入場料金収入の合計）は82億５０００万円を記録し、優《すぐ》れた映画作品に贈《おく》られる日本アカデミー賞の主要部門も独占《どくせん》しました。

これほどの大成功を収めた『シン・ゴジラ』は、どのように製作されたのでしょうか。

お話をうかがった山内《やまうち》さん

『シン・ゴジラ』のエグゼクティブ・プロデューサーを務めた東宝の映画企画部部長・山内章弘《やまうちあきひろ》さんにお話をうかがいました。

プロデューサーって何をする人？

映画製作というと「プロデューサー」という役割を聞いたことがあるかと思います。プロデューサーとは何をしている人なのでしょうか？

山内さんは、その役割を一言で言うと**「この指止まれ」と呼びかける人**だと説明します。つまり、映画作品を一緒《いっしょ》に製作する人、出演する人、映画を製作するために必要となる費用を払《はら》う人など、映画を製作するために必要なさまざまな立場の人を集める役割を果たしているのが、プロデューサーというわけです。

また、プロデューサーには大きな特徴《とくちょう》があると言います。それは、ある映画が製作され、上映されるとき、プロデューサーは誰《だれ》よりも長くその映画にかかわっている人であるということです。

では、プロデューサー以外の役割について考えてみましょう。たとえば、映画監《えいがかん》督《とく》が携《たずさ》わるのは映画制作までです。脚本家《きゃくほんか》であれば脚本を書き終わるまで。出演者は撮影中《さつえいちゅう》だけ。宣伝担当が本格的に携わるのは映画の制作が終わってからです。

一方で、プロデューサーにはそうした期間の区切りはありません。映画作品を企画する段階から、映画の出演者を決めるキャスティング、その後の撮影や上映、作品の二次利用（ＤＶＤやグッズ販売《はんばい》など）、場合によっては海外展開まで、まさに最初から最後までプロデューサーはずっとその映画にかかわっていきます。「この指止まれ」にたいして集まった人たちとさまざまな局面で一緒に仕事をしながら、誰よりも長くその映画と付き合っていくのです。

このように、ゼロから映画作りを進めるプロデューサーには大変な苦労があります。山内さんは「**仕事の99％が苦労**だといっても過言ではありません。残り1％の喜びだけで仕事をしているようなものです。喜びとは、映画を観《み》た方から面白《おもしろ》いと言ってもらえることです。映画館で熱気を体感できるときは最上の喜びですね。映画が救いになったり、

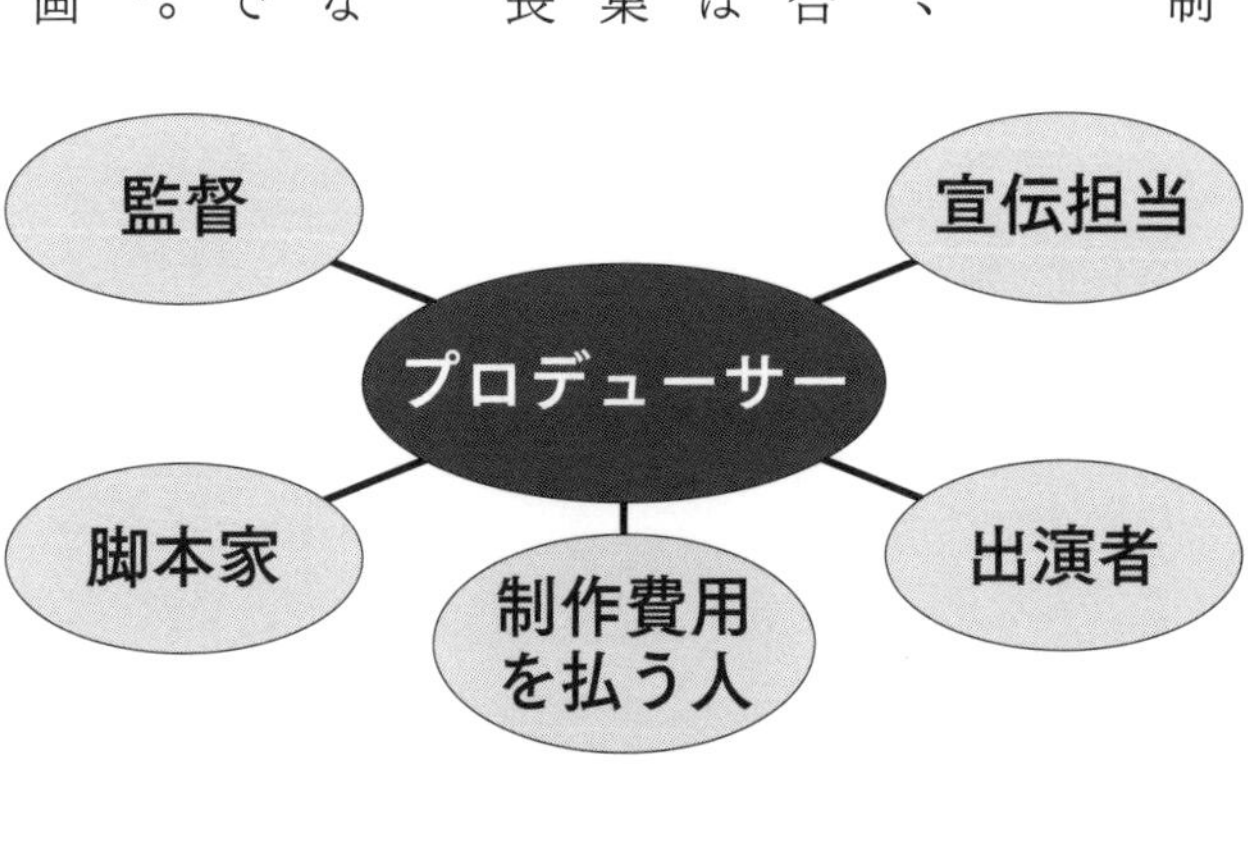

映画で背中を押《お》してもらった経験をもっている人が、プロデューサーの仕事をしているのではないでしょうか」と言います。

そう。たった2時間の映画が、人生を変えることがあるのです。続けて、山内さんは映画製作にこめた熱い思いを語ってくれました。

「ある人が歩む人生の道を、これほど短い時間で左右するものはほかにはないのではないでしょうか。映画作りの醍醐味《だいごみ》はここにあるのです」

ゴジラの歴史を背負うプレッシャー

東宝が誇《ほこ》る映画シリーズであるゴジラは、１９５４年に上映した特撮映画で初めて登場しました。架空《かくう》の怪獣《かいじゅう》であるゴジラは、当時、社会問題となっていた太平洋のビキニ環礁《かんしょう》で行われた核実験《かくじっけん》★01によって生み出された怪獣という設定になっています。それ以降、半世紀以上にわたってゴジラの新作が製作され続けてきたことになります。山内さんが入社したとき、すでにゴジラは大きな存在でした。日本国内のみならず海外でもよく知られており、「『ゴジラ』を製作している」と言うと、外

★01　アメリカが１９５４年にマーシャル諸島のビキニ環礁で行った水爆《すいばく》実験。このとき、周辺で漁をしていた日本の漁船 第五福竜丸《だいごふくりゅうまる》の乗員全員が被ばくしました。

国人から「素晴《すば》らしい」と言われることがあるそうです。このようにゴジラが世界共通言語となったのは、東宝がこれまで積極的に海外展開してきた成果だと言えます。

しかし、こうした実績があるがゆえに、「ゴジラの映画を新たにプロデュースし、長い歴史の一端《いったん》を担《にな》えることはとてもうれしいことでしたが、重圧でもありました。過去の制作陣《せいさくじん》にたいするリスペクトがありますし、いま自分がその役割を引き継《つ》いでいるという責任も強く感じました」と山内さんは語ります。

また、長く続いてきたからこその難しさもありました。それは、何かしらの「新しさ」をゴジラに吹《ふ》きこむ必要があるということです。従来であれば、「今年はこういう内容だったから次はこうしよう」という、シリーズならではの作り方が可能だったのですが、前作（第28作『ゴジラ FINAL WARS《ファイナルウォーズ》』）の公開から10年以上、ゴジラの新作は製作されていませんでした。そのため、「ゴジラはもうオワコン（古くなって役割を終えたコンテンツ）」という声さえあったのです。『シン・ゴジラ』は、**これまでのゴジラの縮小再生産**になってはいけませんでした。

第1作『ゴジラ』（1954年）

一方で、半世紀以上続いてきたゴジラシリーズとして変えてはいけない部分もあります。東宝社内のスタッフやファンなどがそれぞれにもっているゴジラのイメージです。これまでとは違《ちが》う新しさがある一方、守るべきものをきちんと残すこと——こうした絶妙《ぜつみょう》なバランスが求められていました。

『シン・ゴジラ』はこうして製作された！

さて、映画はどのように製作されるのでしょうか。映画が製作されるプロセスとしては、前述のとおり、プロデューサーが企画を考え、監督や脚本を決め、出演者を決めるのが一般的《いっぱんてき》です。東宝の場合は、全国３００館以上の映画館で上映しますので、キャスティングをふくめ、観客にたいしてどのようにその映画の魅力《みりょく》をアピールするかまで考えなければなりません。

そして製作後に活躍《かつやく》するのが宣伝担当です。宣伝の仕事は、映画の作品世界に没《ぼっ》入《にゅう》しすぎないよう、一歩引いた視点から映画の魅力をお客さんに伝えることです。

『シン・ゴジラ』の製作費は日本映画として最大級でした。製作に携わったのは約1500人。これは平均的な人数の10倍くらいだといいます。名前を出さないことを前提に協力してくれた人、企画段階のリサーチでかかわった人も多くいますし、撮影に入ってからも、群衆役などで非常に多くのエキストラが必要でした。CG（コンピューター・グラフィックス）関連には通常の10倍のスタッフが動員されたそうです。

また、要したのは人だけではなく、時間も長くかかりました。通常は、スタッフや資金集め、キャスティングなどの準備段階で約1年かかるところ、5年ほどかかっています。撮影段階は、通常1～2カ月のところ、3カ月。撮影後の工程は通常約2カ月（CGが多い場合には半年くらいになることも）のところ、8カ月もかかっています。

とにかく平均と比べ格段に多い費用とスタッフを投入した超大《ちょうたい》作《さく》だったのです。

子どもや女性もひきつけた『シン・ゴジラ』

歴史があるゆえのプレッシャーや難しさがあるなかで『シン・

「シン・ゴジラ　DVD　2枚組」好評発売中

発売・販売元：東宝

ゴジラ』は製作・上映され、たくさんの人に観てもらうことに成功しました。

もともと、ゴジラシリーズに興味をもってくれるのは、40~60代の男性が中心でした。実際、『シン・ゴジラ』も上映を始めてしばらくはそうした客層が多かったのです。そうした従来のファンに認めてもらうことも大事ですが、『シン・ゴジラ』の場合、お客さんは子どもや女性などにも少しずつ広がっていきました。『シン・ゴジラ』の総監督は、伝説的なアニメ『新世紀エヴァンゲリオン』を手がけた庵野《あんの》秀明《ひであき》さんという人でした。こうした監督のゴジラ作品ということもあり、幅広《はばひろ》い層の人々が注目したのです。

また、『シン・ゴジラ』では、「応援上映《おうえんじょうえい》」という新しい試みも行われました。これは、上映中、映画のシーンに合わせて観客が声援を送るというものです。世代や性別を問わずさまざまな声援が飛びかい、上映を重ねるごとに、大きな熱気が生み出されました。ゴジラがビルをなぎたおしていくシーンでは、観客であるサラリーマンたちが、自分が働いている会社や知っている会社のビルにたいして「弊社《へいしゃ》★02!」「御社《おんしゃ》★03!」とかけ声をかけることが話題となりました。

山内さんは「応援上映は、多くの観客の方にイベントとして面白いと思っていた

★02 自分の属する会社をへりくだって言う語。

★03 相手が属する会社を敬って言う語。

だきました。こうした映画の楽しみ方があったのかと逆に教えられた気持ちです」と語ります。こうした取り組みによってさらに来場者の層は広がり、『シン・ゴジラ』ブームを盛り上げていったものと考えられます。

ゴジラの世界観を楽しむための著作権

このように『シン・ゴジラ』の製作には大変な苦労がありましたが、ようやく作り上げた映画作品は、上映後、どのように使われるのでしょうか。

山内さんは「かつては映画作品は一度上映したら終わりでしたが、今は違います。まずは映画館でぜひご覧になっていただきたいと思っていますが、上映に限らずさまざまな形で映画の世界観を楽しんでいただく取り組みを行っています」と話します。

「上映が終わったら終わりではなく、ずっと楽しんでいただける機会を設けることは、その映画のファンとの向き合い方として大事だと考えています。こうした取り組みは何もビジネスの観点だけから行っているわけではありません。そうすることで映画作品の世界観に奥行《おくゆ》きをもたらすことができるのです」

実際、『シン・ゴジラ』の場合、上映後の**二次利用**★04として、DVDやブルーレイ、フィギュアやTシャツなどが販売されたほか、ゴジラを使った「リアル脱出《だっしゅつ》ゲーム」★05も開催《かいさい》されました。

一方で、キャラクターの二次利用を行うにあたっては、気をつけなければならないことがあります。それは、**映画の世界観を壊《こわ》さないようにすること**です。山内さんは次のように説明してくれました。

「東宝としては、さまざまな商品やイベントの開発・販売でほかの業種の方とコラボレーションするとき、映画に出てくるキャラクターについて、「こうした使い方はいいけど、これはダメ」などのアドバイスを行っています。わかりやすい例をあげると、「ゴジラがしゃべること」は認めていません」

しかし、どこまでがよくてどこからがダメか、微妙《びみょう》な判断が必要なことも多く、「ガイドラインとして明確に文章化することはとても難しい」と言います。そのため、実際の利用内容をよく考え、その都度、適切な判断をするようにしているとのことです。映画の世界観とビジネスの両方を守るために、最大限の努力を行っているの

★04 映画館での上映など、最初に予定されていた方法での利用を一次利用、それとは別の方法での利用を二次利用と言います。

★05 会場に閉じこめられた参加者たちが、さまざまな謎解《なぞと》きをすることで、その場所からの脱出をめざす体感型ゲーム。

です。

実は、こうしたゴジラの利用には知的財産が関係しており、著作権による制限が働いています。ゴジラは東宝が一生懸命《いっしょうけんめい》に創作した著作物であり、東宝はゴジラがどのように利用されるかを管理できる権利（著作権）をもっているのです。そのため、東宝以外のほかの組織がゴジラを使いたい場合、東宝の許諾《きょだく》が必要となります。この関係は、**ライセンサー**（著作権をもっている側）と**ライセンシー**（著作権者から許諾をもらう側）と言い、お金のやりとりが生じることを**ライセンスビジネス**と言います。

また、映画作品が製作会社の許諾なしに勝手にコピーされて広く一般に上映されたり、インターネットに拡散されたりすると、本来、製作会社に支払われるはずだったお金が入らなくなってしまいます。一般論として、著作物を作った創作者や著作権者にお金が入らなくなると、新しい作品を作るために必要なお金が足りなくなるなどして、創作活動が止まってしまう可能性があります。そのため、著作権法では違法《いほう》なコピーやインターネットへの無断掲載は刑罰《けいばつ》の対象となっています。しかし、

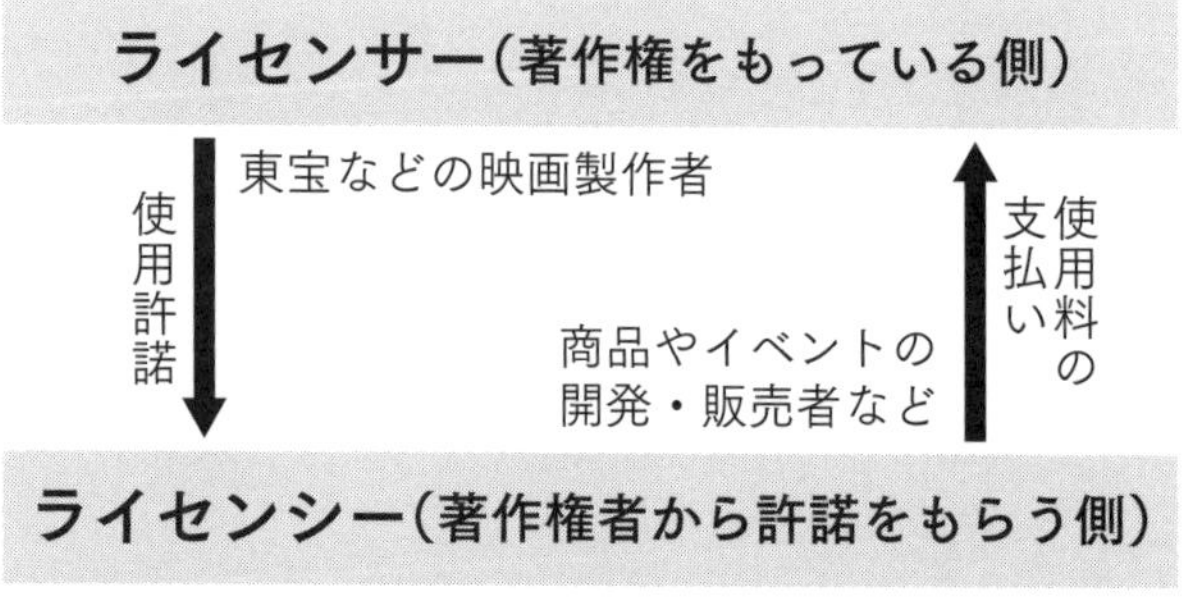

コピーする側に違法の認識がないことも多く、社会的に大きな問題になっています。こうした著作権法違反にたいして、どのように対処すべきなのでしょうか。山内さんはこう語ります。

「単に「ダメだ」「やめろ」と言うのではなく、映画がどのように作られているかを知ってもらうことが大事ではないでしょうか。たとえば、小学校や中学校で映画を製作する授業があれば、映画製作の大変さや喜びを知ることができます。そうすると違法なコピーを無料で観るということが減り、お金をお支払いいただける人も自然と増えるのではないでしょうか。多くの人が手間暇《てまひま》をかけて製作したものを無料で観られるという環境になってしまうと、新たな創作物を根絶やしにしてしまいます。そうした意識をさまざまな人に共有いただけるといいなと思っています」

映画プロデューサーには誰でもなれる？

「この指止まれ」と言い、最初から最後までずっと一つの映画に携わるプロデューサー。その仕事の内容をみてきましたが、どのような人が向いているのでしょうか。

実はプロデューサーと一言で言っても、そのタイプはさまざまです。お金集めが得意な人、出演者のキャスティングが絶妙な人、面白い脚本をまとめるのが上手な人、リーダーシップをとってさまざまな関係者をうまく動かせる人、相手に寄りそって物事をスムーズに進める人など、プロデューサーによって強みや個性は異なるのです。では山内さん自身は、どのような力がプロデューサーにとって大事だと考えているのでしょうか。

「私がプロデューサーにとって最も大事だと思っているのは「**受援力**《じゅえんりょく》」です。「受援力」とは、さまざまな人から支援を受けて、プロジェクトを進めていく力のことです。宇宙飛行士に必要な力と言われていますが、宇宙飛行士は、まさにさまざまな他人の力を借りて宇宙に飛び立っています。あるプロジェクトを実現するためには、そこにかかわるすべての人がそのプロジェクトを「自分事《じぶんごと》」と受け取り、主体的に責任感をもって動く必要があります。プロデューサーの仕事もまさに同じで、そうした状況《じょうきょう》を作り出せる力がプロデューサーにとって大事なのです。「受援力」を得るためには、人の話をきちんと聞くなど基本的な態度が必要ですね」

大規模な人・お金・時間を使い、『シン・ゴジラ』という大作をまとめあげた山内さんらしい言葉と言えるかもしれません。

また、これまで紹介《しょうかい》してきたプロデューサーの仕事を通して、映画の製作に興味をもった読者の方もいるかもしれません。今はスマートフォンで気軽に映像を撮《と》ったり、それを編集したりすることができる時代になりました。数十年前であれば、8ミリフィルムカメラや編集用の機材などをそろえないといけませんでしたが、今やその気になれば誰でもいつでも映画の製作者になれる時代なのです。最後に、こうした時代に生きる若い世代に何を期待するか、山内さんにお聞きしました。

「手軽に映像を作って遊んでいく中で、ものを作ることの喜びをどんどん知ってほしいと思うし、作り上げたものを人に見てもらうことの喜びも知ってもらいたい。そうすることで、その先の人生にも広がりが出てくると思うんです。映画業界に入りたい人だけに限らず、人としての生き方を考える機会になると思う。自分だけではなく他人にたいする想像力を育むことにもつながります」

観る人だけでなく、作る人の生き方にも影響《えいきょう》をおよぼす映画。こうした映像作品はすべて、著作権があることで保護され、適切に活用されているのです。

（島林）

映画

映画の著作物の著作者と著作権者

映画にはほかの著作物にはない特徴《とくちょう》があります。まず、映画の制作にはたくさんの人がさまざまな立場で関与《かんよ》するので、創作する者＝著作者が誰《だれ》なのか、誰が権利をもっているのかがわかりにくいです。映画は映画館で上映されるだけでなく、DVDやブルーレイとして販売《はんばい》されたり、放送されたり配信されたり、さまざまな形で利用されますが、誰が権利をもっているのかがわからないと誰に許可をもらえばいいのかもわかりません。

そこで、著作権法では、まず**映画の著作者**は「制作、監督《かんとく》、演出、撮影《さつえい》、美術等を担当してその**映画の著作物の全体的形成に創作的に寄与した者**」としています。映画の創作というと撮影現場で活躍《かつやく》している映画監督が頭に浮《う》かぶかもしれませんが、山内さんの話を聞くと、プロデューサーがとても大きな役割を果たしている、まさにプロデューサーがいなければ『シン・ゴジラ』が作られることはなかったということがわかりますね。「映画の著作物の全体的形成に創作的に寄与した者」には、映画監督はもちろんですが、プロデューサーもふくまれるわけです。

さらに、著作者には著作権と著作者人格権の両方が認められるのが本来ですが、映画についてはさらに特別あつかいがされていて、著作権は著作者ではなく**映画製作者**がもつことになっています。つまり、映画については著作者人格権は著作者が、著作権は映画製作者がもつことになっているのです。

映画製作者の定義は「**映画の著作物の製作に発意と責任を有する者**」とされていますが、わかりにくいですね。要するに映画製作の費用を負担して、映画が成功すれば利益を受け、失敗すれば損をかぶる人のことです。『シン・ゴジラ』では制作費を負担した東宝が映画製作者となります。映画製作者に権利が帰属するので、映画製作者の知らないところで映画が利用されることはありませんから、確実に利用の対価を支払《しはら》ってもらうこともできます。そういう権利があると、安心して製作費を負担して映画製作者になることができます。

著作権法はこういうしくみにすることで、「この指止まれ」の呼びかけに人が集まりやすくしているわけです。

4

舞台

振付家《ふりつけか》の著作権とダンサーの権利

元バレリーナ・俳優 草刈民代《くさかりたみよ》さん

「白鳥の湖」「眠《ねむ》れる森の美女」などのバレエの舞台《ぶたい》では、輝《かがや》くティアラや衣装《いしょう》を身につけたダンサーが、鍛《きた》えられた肉体で観客を魅了《みりょう》します。今も昔も、バレエダンサーにあこがれる子どもは多いのではないでしょうか？　華《はな》やかなバレエの舞台には、踊《おど》りだけではなく、音楽、美術、衣装など多くの知的財産が存在しています。また、踊りの動き（振《ふ》り付け）にも権利があります。バレリーナとして国内外の舞台で長年にわたり活躍し、日本にバレエ人気を根付かせた草刈民代《くさかりたみよ》さんから、ダンサーや舞台の仕事をめざす子どもたちのために、バレエの魅力と権利の関係について教えてもらいました。

（くさかり・たみよ）東京都生まれ。1973年よりバレエを始め、1983年にデビュー。1991年より、世界各地でゲストバレリーナとして客演。以降、2009年にバレリーナとしての現役《げんえき》を引退するまで、出演・プロデュース作品多数。俳優としても、1996年の主演映画『Shall《シャル》 we《ウィー》 ダンス?』のほか、出演作品多数。

舞台は生き物

バレエの発祥《はっしょう》はルネッサンス期のイタリアと言われていますが、フランスのルイ14世の時代に宮廷舞踊《きゅうていぶよう》から劇場芸術へと発展していきました。バレリーナがトゥシューズをはいて踊るようになったのは1830年代。バレエは舞踊芸術として発展し続け、世界各国の劇場でさまざまな作品が上演され続けています。

バレエ作品を上演するためには、ダンサー以外にも大勢の人たちがかかわっています。それはダンサーに踊りを振り付ける**振付家**《ふりつけか》、コーチ、指揮者、演奏家、照明家、衣装や舞台美術のデザイナーなどです。これらの専門家が共同し、綿密な準備を重ねて作られるため、いくつもの権利が舞台と関係者に生まれます。

バレエの楽しさや面白さとは何でしょうか？　踊りの技術の素晴《すば》らしさ、きれいな衣装、美しい音楽などにひかれる人は多いでしょう。バレリーナ時代の草刈さんにとって舞台で踊ることの魅力は「踊る楽しさ」だけではなく、「一切のごまかしが通用しない」ところにもあったと言います。ひとたび幕が開きダンサーが踊り始めると、日ごろの訓練の成果ばかりでなく、その日の心の状態までが劇場にいる観客に伝わります。舞台は生き物であり、やり直しのきかないその日その日の一回限りの作品なのです。

子どものころの草刈さんにとって、バレエ学校の稽古場《けいこば》で先輩《せんぱい》ダンサーたちの「くるみ割り人形★01」のレッスン風景を見ることは、「わくわく」する気持ちを運んでくれました。今とは違《ちが》い海外の有名バレエ団の来日公演は少なかったため、一生懸命《いっしょうけんめい》にチケットを手に入れて劇場に足を運ぶことも、胸おどるものでした。こうした経験は、インターネットからは得られない、「体感」をともなうレッスンの一つだったのです。

草刈さんの中にはいつしか「本当に踊れるようになりたい」という思いが生まれ、生きた舞台でしか体験できない「技術と表現の楽しさと面白《おもしろ》さ」を実感していくことになりました。

振り付けの著作権と舞踊作品

ダンサーの仕事は舞台で踊るだけではありません。まず、踊る身体《からだ》の強化や維持《いじ》

★01 チャイコフスキー作曲のバレエ音楽「くるみ割り人形」を使ったクラシック・バレエの代表作品。

をするため、作品を踊る技術をみがきあげるために毎日のように基礎《きそ》レッスンをします。その上で、毎回の公演に備え、舞台で上演する作品を、振付家や振付指導をするコーチとともに稽古するのです。

「振り付け」はダンスという表現芸術の最も重要な台本（著作物）であり、振付家は「**踊りの脚本《きゃくほん》家《か》**」です。そのため振り付けには著作権が存在します。多くの人が知っている「白鳥の湖」「眠れる森の美女」「くるみ割り人形」。これらは「古典バレエ」と呼ばれ、19世紀に**マリウス・プティパ**★02というフランス人の振付家によって、ロシアで創作されました。著作権は著作者の死後70年間保護されますが★03、古典バレエの創作者プティパの作品は、振付家の死後１００年以上たっているので、著作権は消滅《しょうめつ》しています。

プティパが亡くなって20年後に、アメリカのバレエの礎《いしずえ》を築いたロシア人振付家が登場しました。「アポロ」（１９２８年初演）、「セレナーデ」（１９３４年初演）などで知られる**ジョージ・バランシン**★04です。バランシンの作品は、本人の死後から70年たっていないため、作品はバランシン財団という団体によって著作権が保護され、上演の際は同財団の許可が必要になります。当初は彼《かれ》の作品は斬新《ざんしん》でモダンと

★02　１８１８年～１９１０年。ロシアで活躍《かつやく》したフランス人バレエダンサー・振付家・台本作家。数多くの作品を発表し、古典バレエの基礎を築きました。

★03　著作権は、国際的な著作権保護のための条約であるベルヌ条約などによって守られています。その保護期間は国によって異なりますが、本章でとりあげている日本・アメリカ・フランス・ロシアでは、著作者の死後70年間と定められています。

★04　１９０４年～１９８３年。ロシア生まれのジョージア（グルジア）人振付家。アメリカに移住し、ニューヨーク・シティ・バレエ団を創設するなどしました。

評されましたが、現在では古典と並ぶ位置付けで世界各国の劇場で上演されています。

振付家が存命している場合、その作品を上演するバレエ団は上演許可を本人から得る必要があります。出演するダンサーは作品の意味を理解し、振付家が求めるクオリティの演技をしなければいけません。そのため、ダンサーは振付家や振付家から認められた振付指導者、バレエ団の芸術監督《げいじゅつかんとく》やコーチから、上演に向けて厳しい教えを受けるのです。また、作品によっては特定のダンサーにしか踊ることが許されない役もあります。

ローラン・プティ[★05]というバレエの歴史に名を残すフランスの振付家は、「若者と死」[★06]（1946年初演）という傑作《けっさく》を作りました。「若者」が「死神」に翻弄《ほんろう》され死に至るというとても難しい内容のバレエです。死神はプティが認めたダンサーしか踊ることができない役の一つでしたが、指名を受けた草刈さんはそれを見事に演じ、観客や批評家たちから高い評価を受けました。綿密なリハーサル（稽古）を何度も重ねて成功させた舞台です。

★05 1924年～2011年。フランスのバレエダンサー・振付家。

★06 フランスの芸術家ジャン・コクトー原作のバレエ作品。

「若者と死」の一幕。

著作権の保護期間が終わった作品については基本的に誰《だれ》からも許可を得ることなく上演できますが、保護期間が生きている間は、作品のクオリティを落とさないために、財団などから任命された振付指導者が振付家の意図にそって厳しく指導をしていきます。

インターネット技術の進化によって、ダンサーをめざす子どもたちがＹｏｕＴｕｂｅなどの映像から踊りを簡単に学べるようになりました。しかし、その方法には「限界がある」と草刈さんは言います。映像で観《み》ただけでは、振り付けの本質を理解することはできないからです。バレエは動きをなぞるだけで踊れるものではありません。しかるべき指導者から学び、くりかえしくりかえし練習を重ねることによって作品を理解し、その踊りを自分のものにしていかなければならないからです。

草刈さんは、バレエを志す子どもたちに「尊敬する心」を大切にしてもらいたいと思っています。何かを見て「すごい！」とあこがれる気持ちは、「尊敬する心」につながります。でも、ただ「すごいと思われること」「すごいと思わせること」にあこがれるだけでは、そこに近づくことはできません。「何がすごいのか？」「なぜすごいのか？」「どうしてあんなにすごいことができるのか？」を考えることによって、それがどれだけのことなのかがわかり、やがては「尊敬する心」につながっていくからです。

観客の心を動かす舞台は、振付家や指導者、ダンサーたちが前向きにコミュニケーションできる環境《かんきょう》から生まれます。それは、相手のことを想像する思いから生まれます。「すごい」と思うものにたいして敬意を払《はら》い、尊敬する心から生まれてくるものなのです。

自分の意思に自覚的な海外のダンサー

2001年、新作「デューク・エリントン・バレエ★07」の一幕「Ad Lib on Nippon《アドリブオンニッポン》」を、プティは草刈さんのために振り付けました。真紅《しんく》のドレスを身に着け踊るとても華やかなショーのようなバレエで、草刈さんの個性なしには生まれなかった作品です。

新しい作品を作るときは、振付家がダンサーの姿からインスピレーションを得て、新しいアイディアが生まれることもあります。また、ダンサーも自分の意見を伝え、それが取り入れられることもあります。こういう過程を見ると、バレエダンサーは

★07 「A列車で行こう」など、デューク・エリントンのジャズ・ミュージックにのって、ダンサーが次々と踊る楽しいバレエ作品。

振り付け通りに踊るばかりでなく、作品の共同創作者とも言えるのかもしれません。

20歳《はたち》を過ぎたころ、草刈さんはレッスンの意味やバレエの表現について「なぜ？」「どうして？」「こうしたい」という自分の考えや思いを、稽古場ではっきりと口にするようになったと言います。そしてその後、プロとして一緒《いっしょ》に仕事をした海外のダンサーたちには、こうした姿勢が当たり前のものとして根付いていると感じたそうです。

ロシアのキーロフ・バレエ団（現マリインスキー・バレエ団）に、**ファルフ・ルジマートフ**★08という世界的なスターダンサーがいました。草刈さんは、２００３年に「海賊《かいぞく》」★09で共演し、彼のスターとしての自負、責任感、そして踊りに向かう強い意思を目《ま》の当たりにしました。

「踊り」は、自らの内面を表現する行為《こうい》でもあります。振付家や芸術監督に言われた通りに動くだけでは、踊りにはなりません。なぜなら、ダンサー自身がバレエそのものについてどう考え、取り組んでいるか、すべては踊りに表れてしまうものだからです。

「海賊」の一幕。

©瀬戸秀美

★08 1963年〜。ロシアのバレエダンサー。

★09 イギリスの詩人ジョージ・ゴードン・バイロン原作のバレエ作品。海賊の首領である主人公が、奴隷《どれい》としてとらわれた恋人《こいびと》を救うため、冒険《ぼうけん》をくり広げる。

ダンサーは子どものころからのレッスンで技術を身につけながら、体だけではなく、心も鍛えていくことになります。ときにはケガをしたり、なかなか上達しないとスランプに陥《おちい》ったり。辛《つら》いこと、苦しいこともありますが、そのたびに自分と向き合い、考えながら成長していきます。その経験は「表現」という行為の土台です。

踊ることも振り付けることも、すべては想像力から生まれるもの。ダンサーの「踊りたい」という気持ち、振付家の「踊りを通して、物語をつむぎたい」という気持ち、その気持ちがダンサーや振付家の可能性を広げていくのです。「作品」はその可能性を形にしたもの。観客はそれを観ることによって感動したり刺激《しげき》を受けたりして、新たな何かを発見していく——芸術活動の意味はそこにあります。

バレエが生まれたヨーロッパと比べると、日本ではバレエダンサーをはじめあらゆる創造者にたいする理解や尊重、芸術が育つ環境への整備が進んでいるとは言い切れません。ダンサーや振付家など創造者が自ら主張し、観客もそれを尊重することによって、そうした意識や環境が根付き、より豊かな創造活動ができる社会になっていくことでしょう。

プロデュースと交渉力《こうしょうりょく》

草刈さんはバレリーナ時代、公演プロデュースの仕事に挑戦《ちょうせん》しています。2005年に愛知県で開催《かいさい》された国際博覧会（愛知万博《ばんぱく》）の野外公演、また2006年には世界の8都市で「ソワレ」という舞台を成功させました。上演のために、権利をめぐる交渉《こうしょう》の仕事も経験しました。

経験を積んだダンサーは、自分のめざしたいものがはっきりしてくるため、より「自分を生かす」方法を模索《もさく》するようになります。スターダンサーが「踊りたい」という強い気持ちを実現するために、自らバレエの舞台を企画《きかく》し、主演することは必要なステップであり、それは表現者としての根幹とつながるものかもしれません。

草刈さんはダンサーとしての実績を積んだ30代後半のころ、「本当にやりたいこと」について深く意識するようになりました。そんなときに、師でもあったローラン・プティから言われた言葉があります。「自分の道は自分で開かなければ誰もつくってくれない」。この言葉に押《お》されるように、草刈さんはプロデュース公演の上演に向けて新しい一歩を踏《ふ》み出していきました。「自分で〝創造〟しなければ本当に納得する舞台は作れない」ことがわかったからです。

さて、舞台のプロデュースとは、いったいどのように行うのでしょうか。まず最初に必要なのは、どんな公演にしたいかという計画です。自分が何をしたいか、観客にどんなバレエを見せたいかよく考えるのです。作品や方向性が決まったら、次にどのダンサーに出演してもらうかを検討します。振付家から上演の許可も得なければなりません。舞台にかかわるすべての権利を確認《かくにん》し、誰と交渉するかを考えていきます。

このような「権利関係の交渉」というと、事務的な作業に感じ、創造的な活動とはほど遠いとみなさんは思うかもしれません。しかし、バレエ作品には**上演権**★10などの著作権や**実演家の権利**★11など、さまざまな関係者の権利がからみあいます。そのため、芸術監督やプロデューサーはこれらの関係者と権利について交渉をする必要があるのです。

「本当にやりたいこと」がわかっていた草刈さんは、これを問題なくクリアすることができました。また、たくさんの観客に見てもらえるよう、ビジネスとして成立させることも課題でしたが、結果的に、初めてプロデュースした愛知万博公演で

★10
著作権にふくまれる権利の一つ。脚本などの演劇にかかわる著作物を舞台で上演する権利のこと。

★11
著作隣接権《ちょさくりんせつけん》の一つで、舞台上で演じるダンサーや指揮者、演出家などの「実演家」がもつ権利。表現方法の工夫《くふう》など、実演にあたっての創作活動にたいしてあたえられます。

は、4公演で2万5000人もの観客を動員することができました。

経験のないことに挑戦する勇気をもつことは大切です。プロデュースの仕事を通して、また次へと踏み出すための方法が、まるでからまった糸が解《ほど》けるようにわかっていったと草刈さんは言います。新しいことへの一歩を踏み出す勇気をもつことは、他者との信《しん》頼関係《らいかんけい》、面白さやわくわく感、そして自分を信じる気持ちを育みます。新たな挑戦をすることで、人は成長していくのでしょう。

「Esprit《エスプリ》」の一幕。
©瀬戸秀美

「なぜ自分がそこにいるのか？」

草刈さんは、自身の引退公演となった2009年の「Esprit《エスプリ》～ローラン・プティの世界」★12もプロデュースしています。世界中から一流のダンサーとスタッフが結集し、日本の11都市で14回上演されました。この公演は大きな成功を収め、草刈さんの長いバレリーナとしての人生は幕を閉じました。

引退公演までの日々を描《えが》いたテレビドキュメンタリーでは、イタリア人振付指導

★12　「ノートルダム・ド・パリ」「ダンシング・チャップリン」など、すべての演目がローラン・プティの振り付けで構成されました。

者のルイジ・ボニーノと、夜中にスカイプを通して熱心に打ち合わせをする草刈さんが映し出されました。どんなことでも徹底的《てっていてき》に行う「創造者（クリエイター）」としての姿が、そこにはありました。

バレエや音楽教室などの文化・芸術をはじめ、あらゆる教育現場では、子どもの発想を妨《さまた》げないよう注意が必要だと草刈さんは考えています。

「子どもだけの力で正しく学び、成長するのは難しいことです。周囲の人たちの理解や協力、適切な指導によって、子ども自らが考え、学び、成長し、自分を生かす道を見つけることが大切です」

好きなことを見つけ、「何をすればできるようになるのか？」と考え、答えを見つけ、実行していく――もちろん失敗することもありますが、このような体験をしていくことが、将来その道のプロフェッショナルにならなくとも、大人になったときに生きていく上での「土台」になると草刈さんは思っています。

草刈さんがバレリーナのときに初めて主演した映画『Shall《シャル》 we《ウィー》 ダンス？』（1996年、周防正行《すおまさゆき》監督）は、社会現象になるほどのダンスブームを巻き起こしました。現在はバレリーナとしての経験を生かし、俳優としての活動に大きく踏み出しています。創造の道を切り開く先輩として、こんなメッセージをみなさんに贈《おく》ってくれました。

「私は今でも、**自分が本当にやりたいことは何か**を常に考えています。それは、単に楽しさを味わうためだけのものではありません。辛くても挑戦したいと思えるもの、自分にとって価値あるもの、それが何なのかをいつも考えてきました。その答えは常に変わるし、簡単に見つかるものではありませんが、探し続けていくことが大切で、そこに意味があると思っています」

草刈さんはかつて、20世紀最高のバレリーナだったマイヤ・プリセツカヤ★13に「なぜ自分がそこにいるのか、常に考えなさい。それを考え続けることが大事」と言われたことがあるそうです。「自分はどうしてそこにいるのか？　何ができるか？」を常に考え、努力を続けることは、バレエだけではなくすべての創造活動、さらには、自分自身が成長していくためにもとても重要なことです。この言葉は、「自分を信じて一歩踏み出す勇気」の大切さを私たちに教えてくれます。

（内田）

★13　1925年〜2015年。ロシア　ボリショイ・バレエ団の元プリマドンナ。

舞《ぶ》台《たい》

著作隣接権《ちょさくりんせつけん》～実演家の権利

振《ふ》り付けや音楽は著作物で、それを創作した振付家や作詞家・作曲家は著作者となります。みなさんがこれらの作品を楽しむためにはダンサー、演奏家・歌手（これらの人を著作権法では**実演家**といいます）が必要不可欠です。また、草刈《くさかり》さんが活躍《かつやく》されたバレエの世界では、新作の振り付けの創作は振付家が初演を踊《おど》るダンサーと共同作業で行っていますし、バレエ以外の舞台《ぶたい》でも新作では初演の実演家が作品の内容にも大きな影響《えいきょう》をあたえていることがあります。

実演家は著作物を創作しているわけではありませんから著作者にはなりません。でも、実演家のパフォーマンス（著作権法では**実演**といいます）は著作物の創作、そしてそれを鑑賞《かんしょう》してもらうために不可欠です。そこで著作権法は、実演家に**著作隣接権**の一つとして**実演家の権利**を認めています。

具体的には、自分の実演についての、**録音権・録画権**（無断で録音・録画をされない権利）、**放送権・有線放送権**（無断で放送・有線放送されない権利）、**送信可能化権**（無断でサーバーにアップをされない権利）、**譲渡権**《じょうとけん》、**貸与権**《たいよけん》（無断で譲渡や貸与をされない権利）などです。これ以外のお金を受け取ることができる権利などもふくめて、音楽の章で紹介《しょうかい》したレコード製作者の権利とほぼ同様です。

さらに、実演家は、自分なりの作品の解釈《かいしゃく》をして実演を行っています。ですから、同じ作品でも実演家が異なるとまったく違《ちが》った印象を受けることはめずらしくありません。本文にもある通り、実演には実演家の内面が表現されているのです。そこで、実演家には**実演家人格権**という権利が認められています。具体的には自分の氏名・芸名を表示してくれという**氏名表示権**と、自分の実演を勝手に改変しないでくれという**同一性保持権**です。

なお、実演家には実演を行う人だけでなく、実演の演出家や指揮者もふくまれています。

草刈さんの話を聞いていると、草刈さんの実演はまさに草刈さんの人生そのものだとわかります。みなさんも機会があったらぜひ実演家の生の実演を鑑賞してみてください。実演家の人生に直接ふれる経験は、きっとみなさんのこれからの人生を豊かなものにしてくれることでしょう。

5

テレビ

どうして好きなドラマがＤＶＤ販売《はんばい》されないの？

株式会社TBSテレビ（ドラマ『半沢直樹《はんざわなおき》』）

お話をうかがった日向《ひゅうが》さん

私たちがふだん見ているテレビ番組は、知財のかたまりです。たとえば、原作のあるテレビドラマの場合は、原作の小説やマンガ、脚本《きゃくほん》、音楽など、さまざまな創作物の集合体です。もちろん、すべての著作権がテレビ局にあるわけではなく、それぞれに著作権者がいます。そうした中で、テレビ局はそれぞれの権利をどのように調整して、テレビ番組を作り、放送・配信しているのでしょうか。株式会社ＴＢＳテレビで、著作権にかんする法律的な問題に対応してきた日向《ひゅう》央《が》さ《ひさし》んにお話をうかがいました。

テレビ番組は、著作物の集合体

「テレビ番組は、知財のかたまり」と言いましたが、より具体的にイメージできるよう、引き続きテレビドラマを例に考えてみましょう。

まず、ドラマにはどんな著作物が使われているでしょうか。もちろんドラマ自体も一つの著作物です。ドラマの中で流れる音楽（主題曲や挿入曲《そうにゅうきょく》）も著作物ですし、セットの一部として使われる絵画や写真も著作物です。これらは、ドラマを構成する要素として、ドラマの中で直接見たり聞いたりできるのでわかりやすいですね。

そのほかに、直接見たり聞いたりすることはできないものもあります。原作小説や脚本がそうです。これらは、ドラマの中にそのままの形で表れるわけではないので、あまり意識することはありませんが、ドラマの土台となるものです。

これまであげたものを整理すると、ドラマにかかわる著作物は、次ページの図のように大きく三つに分類できます。一つ目は、ドラマそれ自体であり、全体を包括《ほうかつ》したものです。二つ目は、ドラマの土台となる原作小説や脚本などであり、ドラマの**原著作物**またはドラマに**翻案《ほんあん》**★01**された著作物**と言います。三つ目は、ドラマの中で流れる音楽や映像の中に出てくる絵画・写真など、手を加えずにそのままの形で使われている著作物であり、これをドラマに**複製された著作物**と言います。「複製さ

★01 コピペとは異なり、元の作品に創作的要素を加えて新たな著作物を生み出すこと。

れた」というのは、手を加えずにそのままの形で使われているということです。

このように一口にドラマと言っても、複数の著作物が組み合わさって成り立っていることがわかります。さらに複雑なことに、それぞれの著作物の著作権者は同一ではありません。テレビ局は制作したドラマの権利者ですが、ドラマの中で利用している「原著作物」や「複製された著作物」の権利者ではありません。それら「原著作物」や「複製された著作物」の権利者から許諾《きょだく》を得て、ドラマのために利用しているだけです。テレビ局がドラマ全体の権利者ではありますが、テレビ局であっても、それら「原著作物」や「複製された著作物」の権利者の許諾を得ずに、ドラマを勝手に放送したり、ＤＶＤ販売《はんばい》やネット配信をしたりすることはできないのです。

ドラマという一つのコンテンツであっても、その著作権者は一人ではありません。このような場合、コンテンツを利用するには全権利者の許諾を得る必要があり、誰《だれ》もそのコンテンツを勝手に利用すること

ドラマにかかわる著作物とそれぞれの権利者

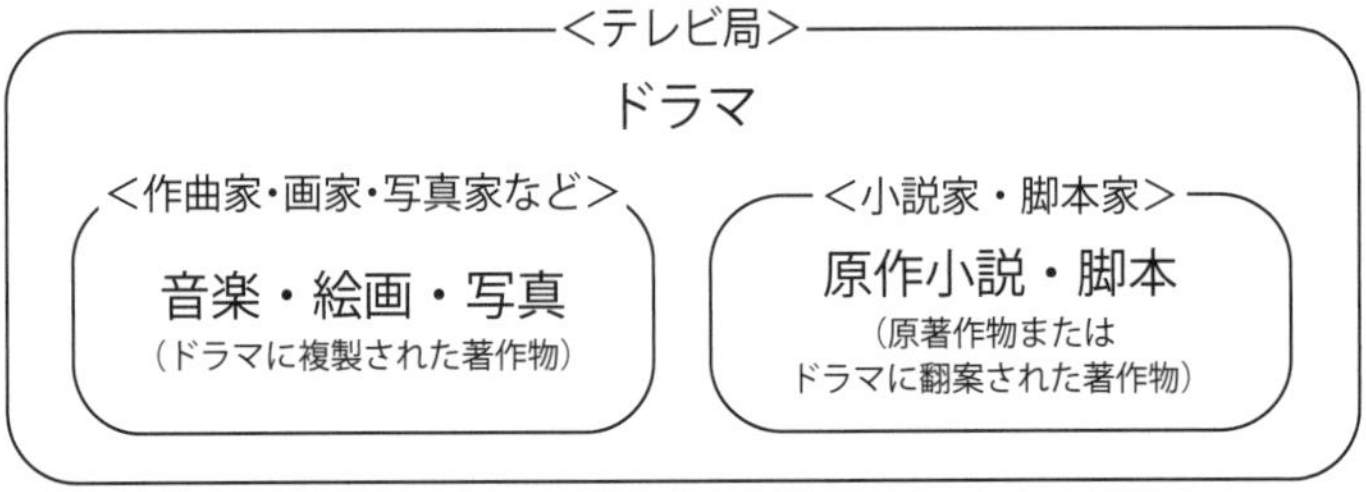

はできないということになります。

ドラマ制作の流れとさまざまな著作権者

こうした複雑な権利構造を理解するために、ドラマ制作の一連の流れを見てみましょう。ドラマ制作にはさまざまな方法があり、順序も異なりますが、一つの例として以下のように整理できます。

まず、テレビ局のプロデューサーが、いつごろにどういったドラマを放送するかといった**企画《きかく》**を立てます。次に、企画に合わせて配役を決め（**キャスティング**）、各俳優に出演依頼《いらい》をします。同時に脚本家に企画に合わせた**脚本**の創作を依頼し、ストーリーや展開、セリフなどを具体的にまとめていきます。脚本ができたら、演出家や俳優などが集まって、**脚本の読み合わせやリハーサル**を行います。その後、演出家が演技やカメラ割りなどについて指示しながら、ドラマの**各シーンの撮影《さつえい》**をしていきます。そして最後に、撮影したそれぞれのシーンを

ドラマができるまでの流れ（一例）

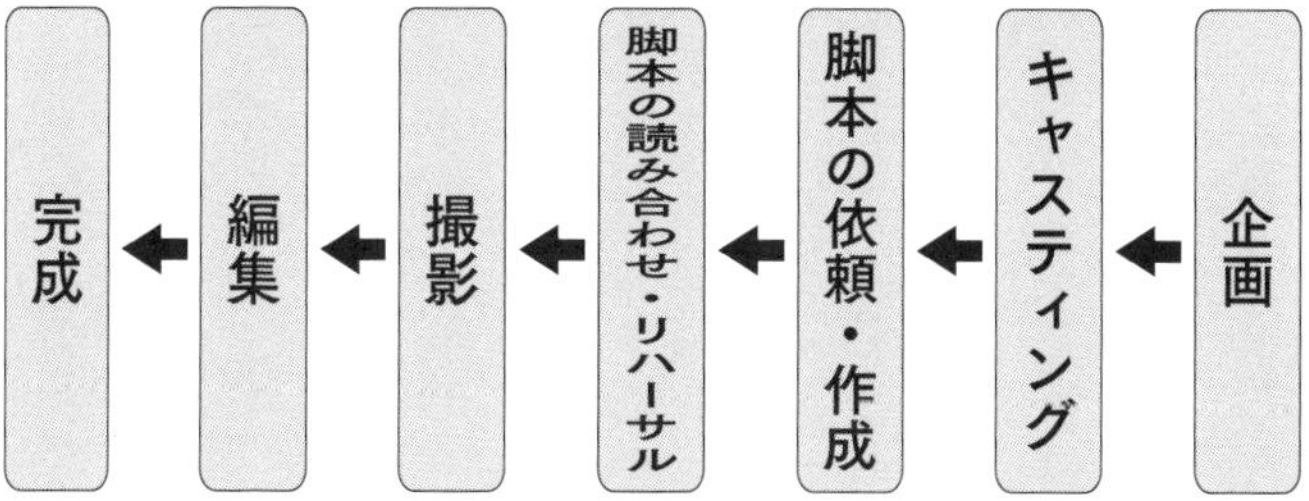

編集でつなぎ合わせ、ドラマを完成させます。

先ほど紹介《しょうかい》した「原著作物」とドラマの関係を理解するため、脚本の段階について、もう少しくわしく見てみましょう。ドラマは、小説やマンガなどの原作をもとに脚本を作る場合と、新たにストーリーをつむぎ出して脚本を作る場合（オリジナル脚本）がありますが、ここでは小説原作の場合で考えてみます。

小説を原作としてドラマを作る場合、小説の作者に無断でドラマ化することはできません。何が著作権法上の問題になるのでしょうか。ドラマ化にあたっては、新たに脚本を作り、小説とはまったく異なるドラマという形態で作品ができあがります。小説の文章を勝手に複製（コピー）するわけでもないので、よく聞く違法《いほう》コピーとは違《ちが》いますよね。

少し難しい話になりますが、著作権法では、小説を脚本化したり、外国語に翻訳したり、映像化したりして表現形式を変えて新たな作品を創作することを禁止する権利を「**翻訳権《ほんやくけん》・翻案権等《ほんあんけんとう》**★02」と言い、この場合、もとの作品を創作した小説家がその権利をもちます。また、表現形式を変えて創作された新たな作品である脚本、翻

★02 著作権の一部で、翻訳、映画化のほか、編曲などの行為《こうい》が対象となります。

訳本、映像作品などを複製したり放送したりすることの禁止権を「**二次的著作物の利用に関する原著作者の権利**」と言い、これももとの作品を創作した小説家がもつ権利です。小説を勝手にドラマ化し、それを利用することは、これらの権利を侵害《しんがい》することになります。このため、すでにある作品を翻訳・翻案し、できあがった作品を利用する場合には、もとの作品の著作者の許諾を得ることが必要になるわけです。

さて、こうして原作をもとに新たな作品を作る場合、もとの作品を「**原著作物**」、新たな作品を「**二次的著作物**」と言います。次は、この二つの関係について、数年前に大ヒットした、TBSドラマ『半沢直樹《はんざわなおき》』を例に整理してみましょう。

まず、ドラマ『半沢直樹』は、池井戸潤《いけいどじゅん》さんによる小説『オレたちバブル入行組』をもとに脚本を作り、ドラマ化したものです。小説を起点に考えれば、原著作物＝小説『オレたちバブル入行組』、二次的著作物＝ドラマ用脚本『半沢直樹』ということになります。そして、脚本をもとに作られたドラマ『半沢直樹』は、小説から見れば三次的著作物★03と言えます。一方、脚本とドラマの関係性に着目し、脚本を起点に考えれば、原著作物＝ドラマ用脚本『半沢直樹』、二次的著作物＝ドラマ『半沢直樹』ということになります。小説とドラマの間に脚本があるので複雑ですが、

★03　ただし法律用語では、これも「二次的著作物」と呼んでいます。

脚本も著作物であり、ドラマは脚本の表現形態を変えたもの（翻案）とされるため、ドラマ『半沢直樹』は、ドラマ用脚本『半沢直樹』の二次的著作物ということになります。

原著作物と二次的著作物の関係について理解できたでしょうか。それでは次に、各著作権者の権利の範囲《はんい》についても見ていきましょう。先ほど、「原著作者の許諾を得なければ、作品を創作することはできず、創作された二次的著作物を利用することもできない」ということを紹介しました。つまり**原著作者の権利は、二次的著作物にもおよぶ**ということです。ドラマ『半沢直樹』で考えると、小説『オレたちバブル入行組』の著作権者の権利は、ドラマ用脚本『半沢直樹』やドラマ『半沢直樹』にもおよびます。また、ドラマ用脚本『半沢直樹』の著作権者の権利は、ドラマ『半沢直樹』にもおよぶということですね。

そのためTBSは、ドラマ『半沢直樹』の著作権者ですが、自由にドラマを利用できるわけではありません。ドラマ『半沢直樹』は、ドラマ用脚本『半沢直樹』の二次的著作物であり、小説『オレたちバブル入行組』の三次的著作物ですので、それらの原著作者の許諾を得て創作し、利用することが必要なのです。

小説から見た脚本・ドラマとの関係

小説『オレたちバブル入行組』（池井戸潤）	ドラマ用脚本『半沢直樹』（八津弘幸《やつひろゆき》）	ドラマ『半沢直樹』（TBS）
原著作物	二次的著作物	三次的著作物

（注）カッコ内は各著作物の著作権者。

テレビ局の収入源は？

テレビドラマを例に、番組制作の流れを見てきました。テレビ局は著作物を「作る側」という印象が強かったと思いますが、番組を作る過程でさまざまな著作物を利用しており、著作物を「使う側」としての一面ももっていることがわかりました。

ここまで原作、脚本に焦点《しょうてん》をあててきましたが、テレビ番組の制作には、原作者や脚本家のほかに、プロデューサー、演出家、俳優、カメラマンなど、多くの人たちが携《たずさ》わっています。テレビ局は彼《かれ》ら一人ひとりにたいして対価を支払《しはら》うことが必要になりますが、テレビ局は番組を放送することで、どのように収益を得ているのでしょうか。テレビを見る私たちは、ＮＨＫやケーブルテレビなどに毎月固定の視《し》聴料《ちょうりょう》を支払う場合はありますが、民放にたいしては視聴料を払ったりしませんよね。

テレビ番組の放送については、番組の合間に放送される広告（ＣＭ）の対価としてスポンサー企業が支払う広告費がテレビ局の主な収益源です。こうした広告収入だけではなく、著作物の販売によって得られる収入もあります。テレビ番組のＤＶ

ドラマ『半沢直樹』ＤＶＤ

D販売や有料のネット配信などによる収入がこれにあたります。それでは次は、テレビ番組のＤＶＤ化やネット配信と著作権の関係を見ていきましょう。

どうして好きなドラマがＤＶＤ販売されないの?

みなさんは、自分が好きなテレビ番組のＤＶＤ販売やネット配信が行われず、残念な思いをした経験はないでしょうか。そのようなことがどうして起こるのでしょう。大きな理由の一つは、**テレビ局の意思だけでは、番組のＤＶＤ販売やネット配信ができない**ためです。先ほど説明したように、番組作りには、原作、脚本、音楽などさまざまな著作物のほか、俳優などの実演を利用していたりするため、それぞれの許諾を得ることが必要です。もちろん番組をテレビで放送することについては、最初に許諾を得ており、対価についても取り決めています。しかし、ＤＶＤ販売やネット配信は、テレビ放送とは別の利用方法であるため、あらためて許諾を得て、対価を支払うことが必要になります。

ＤＶＤ販売やネット配信といった、当初行われた放送とは別の方法での利用のことを「**二次利用**」と言いますが、こうした二次利用にあたっては、誰の許諾を得ることが必要なのでしょうか。ドラマ『半沢直樹』を例に具体的に紹介します。

ドラマにかかわる著作物には、大きく分けて、ドラマ、ドラマの原著作物（またはドラマに翻案された著作物）、ドラマに複製された著作物の3種類があるということは説明しました。それぞれについて見ていくと、ドラマ『半沢直樹』の著作権者はＴＢＳ、その原著作物の著作権者は、原作の小説『オレたちバブル入行組』の小説家とドラマ用脚本『半沢直樹』の脚本家、ドラマに複製された著作物の著作権者は、主題曲や挿入曲などの作詞家、作曲家ですが、それら著作権者すべての許諾を得る必要があります。そのほか、出演俳優や、楽曲の歌手や演奏者など「**実演家**」の許諾も得る必要があります。

「実演家」は、著作物の創作者ではないものの、著作権法上、著作物の伝達に重要な役割を果たしているとされるため、**著作隣接権《ちょさくりんせつけん》の一つである実演家の権利**★04をもちます。俳優はこの実演家にふくまれるため、ＤＶＤ販売やネット配信などの二次利用にあたっては、彼らの許諾を得ることも必要です。

このようにＤＶＤ販売やネット配信にあたっては、さまざまな権利者の許諾を得

★04 権利の具体的な内容は、「教えて！ 桑野《くわの》先生」96・97ページを参照。

ることが必要になりますが、すべての人から許諾を得られない場合もあります。そのため、番組によってはDVD販売やネット配信がされないこともあるのです。

「それなら最初からDVD販売やネット配信に必要な許諾を得ておけばいいのに」とみなさんは思うかもしれません。確かに最初の契約《けいやく》の段階で、DVD販売やネット配信を見越《みこ》して許諾を得て、その分の対価を支払っておくこともできます。しかし、必ずしもその番組がヒットするとは限りませんし、DVD化やネット配信をしない可能性もあります。そうすると不要な経費を支払うことになってしまうため、テレビ局としてはそうしたリスクを取れないという事情があります。DVD販売やネット配信を間違《まちが》いなく行う場合には、あらかじめそのように契約することもありますが、そうでなければ二次利用が決まった時点で、あらためて交渉《こうしょう》をするというのが一般的《いっぱんてき》なようです。

これまで見てきたように、テレビ局が番組を利用するだけでも、さまざまな権利者から許諾を得る必要があり、それらの権利者への対価の支払いが必要です。番組を勝手に使うということは、テレビ局の権利を侵害するだけでなく、**そのほか多くの人々の権利を侵害することにもなる**のです。

法律というメガネを通して社会を見る

冒頭《ぼうとう》で紹介したように、日向さんは、テレビ局で法律の仕事を長年担当しています。社内での法的な相談に対応するだけでなく、著作権にかんする解説を多数執筆《しっぴつ》したり、著作権にかんするセミナーの講師をつとめたりと社外でも活躍《かつやく》されています。

テレビ局では、番組制作ばかりが注目されがちですが、番組制作を事業として行っていく上では法的なサポートも重要です。日向さんは、番組制作（芸術）と法律の関係について、「法から芸術が生み出されることはあり得ないが、**法なくして芸術が創造されることもない**という不思議な関係」と表現します。

これまで見てきたように、著作権法は著作者にたいして著作物にかんするさまざまな権利をあたえることで創作行為《そうさくこうい》をサポートしています。著作物が他者に勝手に複製されることを禁止できなければ、著作権者はその著作物から収益を得ることができず、生活のための資金や次の創作活動のための資金を確保することが難しくなります。テレビ局が番組を作り、事業を続けていくためには、番組が著作権で守られ、適切に収益を得る必要があり、そのためには**法律の支えが不可欠**ということです。

日向さんは、弁護士などの法律の専門家になるわけでなくても、会社に所属したり、自分で起業したりして、事業を行っていく上では、法律の知識が非常に役立つと言います。また、もう一つ法律を勉強してよかったのは、「**法律というメガネを通して社会を見る**ことができるようになったこと」だそうです。世の中で起こる複雑な出来事を法律の観点から整理してとらえられるようになったということですね。

たとえば、著作物が違法に利用されている状況《じょうきょう》を誰かに伝えようとした場合、もし法律の知識がまったくなかったら、以下のような説明にとどまってしまいます。

「Aさんの作品をBさんが勝手に使った」

これだけでは、何が悪いことなのか、本当に違法であるのかさえ、よくわかりません。しかし法律のことを知っていると、次のように整理して説明できます。

「Aさんの著作物にかかわる複製権[★05]をBさんが侵害した」

著作権法上、何が問題であるのかということがわかりやすくなりました。このように整理できると、Aさんの作品は著作物と言えるか（創作性があるか）、Bさんの利用は複製権の侵害と言えるかなど、細かく検証していくことができます。

著作権は、権利者の許諾を得ない複製や放送といった「行為」を禁止するものです。

★05 著作権の一つで、著作物を複製（コピー）することを他人に禁止することができる権利。

法律的な知識が整理されていれば、著作物を利用するさいの行為が、法律に照らして違法であるかどうか判断できるはずです。たとえば違法コンテンツをダウンロードすることは複製権の侵害にあたりますが、それをストリーミング再生（ネット上で再生）するだけでは違法になりません（もちろん違法に配信されているものを視聴することはやめましょうね）。法律を知り、法的な視点で社会が見られるようになると、このようなボーダーラインがはっきりわかってくるのです。

法律というのは、さまざまな状況を想定して、**どんな場合にも当てはまるように整理されたルール**です。法律をよく知るということは、こうしたルールを理解するだけでなく、社会で起こる**さまざまな出来事のメカニズム（しくみ）がわかる**ようになるということでもあります。

学校の勉強でも同じことが言えるかもしれません。たとえば数学は、自然現象や社会での出来事について、数式に当てはめて考えます。学校の勉強も、深く理解していくと、世の中のしくみまで見えてくるという思いがけない収穫《しゅうかく》があるかもしれませんね。

（田口）

テレビ

映画の著作物にまつわるさまざまな権利

著作権法ではテレビ番組は3章でご紹介《しょうかい》した『シン・ゴジラ』と同じ**映画の著作物**とされています。ですから「**映画の著作物の全体的形成に創作的に寄与《きよ》した者**」が著作者として著作者人格権をもつことと、**映画製作者（映画の著作物の製作に発意と責任を有する者）**が著作権をもつことは映画もテレビ番組も同じです。テレビと映画は違《ちが》うという気もするかもしれませんが、創作に関与する人がたくさんいること、制作にお金が必要なことなどはどちらも同じだからです。

日向《ひゅうが》さんの話から、映画の著作物では、その背後にいろいろな権利が複雑にからみ合っていることがわかりますね。ドラマのもとになった（翻案《ほんあん》された）原作、ドラマに使用された（複製された）音楽などの**著作権**もありますし、音楽についてはその音源についての**レコード製作者の権利**、演奏した**実演家の権利**、そしてドラマに出演した役者さんの**実演家の権利**といった**著作隣接権**《ちょさくりんせつけん》もあります。

原作について少し補足しますと、日向さんの話の中に『半沢直樹《はんざわなおき》』の例が出てきます。原作となった小説とドラマは別の作品ですし、ドラマには小説にはないエピソードも盛りこまれています。それなのにどうしてドラマを利用するときに原作者の許可も得ないといけないのでしょうか。それは、ドラマと小説の内容がまったく別ではなく、小説の延長線上にあるからです。ドラマには原作のエッセンスがふくまれていますから、ドラマを利用すれば原作のエッセンスを利用することになります。原作者にとって原作が「子」だとすれば、ドラマは「孫」と言えるかもしれません。そういう関係にあるから原作者の許可も必要になってくるのです。

少し難しい話になりましたが、要するにテレビ番組、ドラマなどは**利用するときに許可をもらわないといけない権利者がたくさんいる**、だから無断で編集したり、利用したりすることはできないということを覚えておきましょう。

6 芸能

芸能界の仕事をめぐる権利

株式会社
サンミュージックプロダクション

お話をうかがった相澤《あいざわ》さん

多くの職業の中で最も人に関心とあこがれを抱《いだ》かれるのは、「芸能人」と言ってよいかもしれません。芸能界にあこがれる子どもたちはいつの時代もたくさんいます。テレビ、インターネットには多くの芸能人の映像や写真が日々あふれています。SNS上の芸能人とファンの交流も盛《さか》んになり、スターを育て生み出す芸能事務所も大きな変化を経験しています。長年にわたり有名な歌手、俳優、タレントを世に送り出してきた大手芸能事務所、サンミュージックプロダクションの代表取締役社《だいひょうとりしまりやくしゃ》長《ちょう》・相澤正久《あいざわまさひさ》さんに、芸能界の仕事の魅力《みりょく》と、芸能人とその映像・画像をめぐる知的財産についてお話をうかがいました。

芸能界の仕事って？

芸能界の仕事というと、みなさんは何を思い浮《う》かべるでしょうか？

一般的《いっぱんてき》には「俳優」「歌手」「アイドルタレント」などが代表的な芸能界の職業としてあげられるかもしれません。父の秀禎《ひでよし》さん★01が事務所を設立し率いていた30年以上前から芸能界を見ている相澤さんは、「お笑い芸人」をめざす若者が、歌手や俳優志望者と同じぐらい増えているこんにちの状況《じょうきょう》を教えてくれました。

以前の彼《かれ》らは「ネタ」をライブで披露《ひろう》してお客さんを笑わせることが主な仕事でしたが、今はさまざまな番組の司会（MC）を行い、ドラマや映画で俳優としても活躍《かつやく》するようになりました。「士農工商」という言葉はあまりよくありませんが、昭和や平成の初めごろまであった芸能人の職業の格（たとえば「俳優は芸人より地位が高い」など）という「固定観念がなくなった」ことが大きな変化であると相澤さんは考えています。花形企業《きぎょう》のCMの出演依頼《いらい》を俳優や歌手と並んで人気お笑い芸人がもらうことは、現在では当たり前になっているのです。

一方で、バラエティ番組でアイドルタレントがMCを務め、俳優がワイドショー

★01 相澤秀禎（1930年〜2013年）。サンミュージックプロダクションの創業者で初代社長。

でコメントする姿もめずらしくなくなりました。クイズ番組で真剣《しんけん》に解答を探す女優、紀行番組で歴史や文化を紹介《しょうかい》する歌手など、多くの芸能人が職業の垣根《かきね》を越《こ》えて、さまざまな番組で活躍しています。子どもたち、お父さんとお母さん、おじいちゃんとおばあちゃんの3世代にわたって、お茶の間の人気を集める「バラエティ専門のスター」も生まれました。

インターネットが生んだ新たな現象も相澤さんは感じています。キャラクターが主役であったアニメ番組ですが、ネット上で声優の「顔」が知れわたると、彼ら自身が大きな人気を得て、アニメ以外にも活躍の場を広げるようになりました。歌の訓練を受け、歌手としてコンサートにたくさんのファンを集めるまでに成長した例もあります。声優志望の子どもたちが増えたことは、芸能人の仕事の多様化を表しているとも言えます。

また、ネット上では、ブログやツイッター、インスタグラムなどで芸能人が自ら情報を公開するようになり、視聴者《しちょうしゃ》、観客、ファンとの間で新たなコミュニケーションが生まれました。

このように、時代や技術の移り変わりとともに職業領域が広がり、表現方法も発展している芸能界は、「子どもたちにとって、より多くの夢が実現できる場所になっている」と相澤さんは言います。

芸能事務所の地道な仕事

芸能界の多様化と変化は、相澤さんのような芸能事務所のトップやスタッフの仕事にも影響《えいきょう》をあたえています。

芸能人のマネージャーという職業は、誰《だれ》でも知っていると思います。しかし、芸能人とともにテレビ局のスタジオやＣＭ撮影《さつえい》現場を日々飛び回る――この業界で働くことをそんな華《はな》やかなイメージで考えていたら、「がっかりするかもしれない」と相澤さんは言います。

スターの原石かもしれない若者を見つけ、その才能を見極《みきわ》めることが事務所のトップやスタッフの第一の仕事です。芸能界志望の若者の多くは、芸能事務所が経営するタレント養成スクールで、演技、歌、踊《おど》りの厳しいレッスンを受けながら、ドラマや舞台《ぶたい》のオーディションに挑戦《ちょうせん》し、デビューのチャンスをつかんでいきます。

こうして新人がひとたび活躍の場を得ると、スタッフは、テレビ、ラジオ、映画、舞台、雑誌、ネットなどの分野で次のチャンスを探し、さらに認知度《にんちど》を高めるために彼らを売り出していきます。テレビであればドラマなのかバラエティなのか、それとも歌なのか、彼らの活躍の場所を見つけ育成する**企画力**《きかくりょく》と**マネージメント力**が求められます。俳優志望だったのに、お笑い芸人やMCの仕事が向いていたことがわかり、転向後にヒット番組を生み出した芸能人はたくさんいます。また、芸能界の間口が広がり活動分野も増えたため、情報の収集力と分析力《ぶんせきりょく》を高めることも必要になってきました。

こうした道のりは、業界の派手なイメージとは裏腹に地道なものです。それでも、多くの人が楽しみ感動できるコンテンツ＝「夢」を、芸能人や制作者と協力して作る仕事の過程には「何ごとにも代えられない楽しさがある」と相澤さんは言います。

しかし、「夢を作る」と言っても仕事ですから、お金を生まなければいけません。芸能事務所の最終的な目標は、タレントを有名にすること、つまり「認知度」を高めることです。多くの人に愛される存在へと彼らが育ち、顔と名前が世間に広まることで初めてビジネスが成り立つからです。そのため「認知度」は芸能人の商品としての大きな価値になります。そこから派生するのが、「パブリシティ権」という権利です。この権利は、芸能人個人がもつ「肖《しょう》像《ぞう》権《けん》」と合わせて、芸能事務所の大切な財産となります。事務所は芸能人の認知度とそれをめぐるこれらの権利を管理しながら、ビジネスを進めていくのです。

事務所のスタッフには、世の中の空気や情報にたいして柔軟《じゅうなん》かつ敏感《びんかん》に反応しながら、常に勉強することが求められます。特にこれからは、芸能界における権利や契約《けいやく》のルールなどを知るだけでなく、一人の「人間」として立派な「芸能人」に育て上げるために、先輩《せんぱい》や法律の専門家から学ぶことが必須《ひっす》になっていくと相澤さんは考えています。新しい分野で今までにない才能を一人でも多く活躍させるために、スタッフ自身も創造力をみがき専門知識を身につけ、「芸能人」の家族として立派なプロデューサーにならなければいけないからです。

サンミュージックプロダクションが運営するタレントスクール。小学校1年〜6年までのレッスンクラスがあります。

芸能人の肖像権《しょうぞうけん》・パブリシティ権

肖像権と**パブリシティ権**は、直接書かれた法律はなく、判例で認められた権利で、その根拠《こんきょ》は憲法にあります。★02

まず肖像権は、**自分の写真などをむやみに撮影・利用されない権利**で、誰にでも認められる権利です。

芸能人やスポーツ選手にもみなさんと同じように肖像権があります。ですから、たとえば電車の中などでプライベートの芸能人を見かけたとき、それを勝手に撮影してSNSに上げたりすることは肖像権の侵害《しんがい》となります。

これにたいしてパブリシティ権は、**芸能人やスポーツ選手の肖像などをビジネスに使用する権利**です。

芸能人がいろいろな媒体《ばいたい》を通して顔と名前とイメージを知られていく過程で、一人ひとりに、（少し難しい言葉ですが）「**顧客吸引力**《こきゃくきゅういんりょく》」という「商品」としての価値が生まれます。顧客吸引力というのは、簡単に説明すると「人を引きつける力」という意味です。たとえば、物を買うとき、CMを見て選ぶ人も多いと思います。髪《かみ》

★02 肖像権もパブリシティ権も、憲法第13条の幸福追求権から認められる権利だという考えが一般的です。

がきれいな新人アイドルが出演しているシャンプーのテレビCMを見て、そのアイドルが素敵《すてき》だなと思ったら、そのシャンプーを買ってみようと思うのではないでしょうか。それが「顧客吸引力」です。

　この顧客吸引力を無断でCMなどの商売に利用させないという権利がパブリシティ権です。なんだか芸能人を商売道具として考えているようで抵抗《ていこう》を感じるかもしれませんが、エンタテインメントビジネスの世界では、プロとして自覚しなければいけない基本的な現実であると相澤さんは言います。

　肖像権とパブリシティ権は憲法第13条の幸福追求権★03に基《もと》づいて認められる「**人格権**」で、ファンであろうと企業であろうと自由勝手に使うことはできません。そして、これらの権利をきちんと保護し利用することが、芸能界では最も難しい仕事と言えるかもしれません。

　テレビ、雑誌、ネット上で彼らの「顔」が不当な使われ方をされないよう、確立された「イメージ」が損《そこ》なわれないよう見守ることが重要です。また、肖像権とパブリシティ権のあつかい方は、テレビ局、映画会社、広告会社、出版社、ネットメディアなど、仕事をする相手ごとに違《ちが》ってくるので、スタッフは注意して交渉《こうしょう》を進

★03 生命・自由・名誉《めいよ》・プライバシーなど、個人の人格と切りはなすことのできない権利。

めていきます。芸能人の得る報酬《ほうしゅう》（ギャラ）も、彼らの認知度やイメージから派生するこれらの権利の対価と言っても過言ではないからです。芸能人はさまざまな媒体で実力を発揮し人気が高まるほど、肖像権やパブリシティ権を世の中に正しく主張し、自分の価値を高められるとも言えます。

パブリシティ権をめぐる2012年の有名な判例を一つ紹介しましょう。

みなさんのお父さんやお母さんの世代なら必ず知っているピンク・レディー★04という二人組の歌手がいます。ある女性週刊誌がダイエット特集を組んださい、ピンク・レディーのステージ写真などをたくさん使いました。女性があこがれるスタイルの良さと踊りのうまさを表した写真は大変貴重です。この特集は二人の写真を使用することで読者の関心を引いているように見えました。しかし、この出版社は、掲載《けいさい》の許可を取らずに写真を使用していたため、ピンク・レディー側から裁判で訴《うった》えられてしまいます。ピンク・レディーは自分たちの肖像がもつ価値——パブリシティ権が侵害されたことを主張したのです。

最高裁まで争われた結果、出版社が二人に損害賠償《そんがいばいしょう》を支払《しはら》うことは命じられませ

★04
1970年代に一世をふうびした二人組アイドル。代表曲に「ペッパー警部」「渚のシンドバッド」「UFO」など。

んでしたが、国内で最も高い地位にある裁判所が初めて、有名人がもつ「パブリシティ権」という権利とその侵害の基準を認めたという意味で、芸能界全体にとっても大変画期的な裁判となりました。

昔から、写真集やポスターを無断で製造・販売《はんばい》する業者はたくさんいますし、かつてはテレビ局も、出演者の許諾《きょだく》を得ずにドラマの再放送などをしていた時代がありました。相澤さんも設立や運営にかかわったＮＰＯ法人★05などの努力で、こうした肖像権とパブリシティ権の侵害は、少しずつ改善されてきました。

自分のイメージを作りながらファンに夢と喜びをあたえることが芸能人の使命です。彼らは容姿、才能、人柄《ひとがら》、魅力を生かして責任をもって仕事に取り組んでいます。そのため、肖像権やパブリシティ権を大切に自らのイメージを守ることは、「ファンへのサービスとしても何より重要なこと」だと相澤さんは言います。有名人であること――認知度の高さとは、自分をみがき続けることと、自らの権利を正しく守り使用することで維持《いじ》できる、素晴らしい財産だと言えるでしょう。

★05 肖像パブリシティ権擁《よう》護《ご》監視機構のこと。

音楽の仕事と著作隣接権《ちょさくりんせつけん》

お笑い芸人が一線に立つようになり、テレビ、映画ばかりかネットからもスターが生まれるようになった芸能界ですが、今も昔も音楽にかかわる仕事は大人気です。歌手になることは芸能界の王道で、多くの子どもたちのあこがれであることに変わりはありません。年末の紅白歌合戦の舞台に立つことを目標にしている人は、歌手やアイドルばかりでなく、俳優やお笑い芸人の中にもいるかもしれません。

芸能界と音楽の関係にはとても深く長い歴史があり、キラキラとまぶしいステージの裏には、やはり地道な仕事と大切な権利が存在します。

サンミュージックのような大手芸能事務所は、「**音楽出版社**」という組織をもっていることが多くあります。音楽出版社は、音楽を作った作詞家・作曲家がもつ「著作権」という権利を彼らからゆずり受け、管理を行う会社です。音楽出版社は、作詞家・作曲家の代わりに音楽を使いたい人に必要な許可を直接あたえたり、その対価である使用料を集金します。また、多くの音楽出版社は、音楽著作権の管理を専門とするＪＡＳＲＡＣ《ジャスラック》**（日本音楽著作権協会）**などの団体に所属して、放送局や全国のカラオケ店などからの集金を代行してもらっています。これら音楽の利用者から集めた**著作権使用料**を、作詞家や作曲家へと受け渡すことが音楽出版社の仕事の一つです。

音楽出版社は、「曲の宣伝」というプロモーション活動も行います。それは音楽会社の仕事だと思っている人もいるかもしれませんが、彼らが行うのはＣＤなどの自社商品の宣伝です。テレビ、ラジオ、カラオケ、ＢＧＭなどに曲を使ってもらうために宣伝をするのが音楽出版社の役割です。

みなさんも家族や友だちとカラオケボックスで好きな曲を歌ったり、お気に入りの歌手の音楽がドラマで使われているのを聴《き》いたりすることがあると思います。そうした娯楽《ごらく》のかげには、音楽出版社のコツコツとした管理や売りこみの活動があるのです。

しかし音楽の著作権は、曲を歌った芸能人や芸能事務所がもつわけではありません。著作権をもつのは常に、曲を作った作詞家や作曲家です。では、芸能人や芸能事務所には、どんな権利が発生するのでしょうか？
その答えは、**著作隣接権**の中の**レコード製作者の権利**★06、そして**実演家の権利**★07です。著作隣接権というのは、作品を世の中に広めるのに重要な役割を担《にな》った企業や人にあたえられる権利のことで、音楽の章でも出てきましたね。一見難しい名前ですが、芸能界と音楽の関係を知る上で、とても大事な権利です。

音楽出版社も音楽会社のように事務所に所属している歌手のレコーディングを行い、CDのもとになるマスターデータを作ることがあります。「原盤《げんばん》」と呼ばれる音楽の源です。作詞や作曲をしただけでは音楽が世に広まることはありませんが、人気歌手の歌声を録音した原盤、つまり音源があれば、その曲は多くの人の耳に届きます。だから、この原盤を制作するためにお金を出した芸能事務所には、著作隣接権の中の「レコード製作者の権利」が生まれます。また、歌い方などの表現に工《く》夫《ふう》を加えた歌手＝実演家には、著作隣接権の中の「実演家の権利」が生まれます。どちらも「作品を世の中に広めるよ！」という活動にたいしての貴重な権利で、彼らに無断でCDをコピーしたり、ステージ動画をSNSにアップしたりすることは

★06 通称《つうしょう》「原盤権《げんばんけん》」と呼ばれる権利で、たいていはマスターデータの製作費を負担した音楽会社などが保有します。

★07 実演家＝歌手や演奏家などが精神的に傷つけられないよう保護するための「実演家人格権」と、経済的に損をしないよう保護するための「財産権」の二つがあります。

できないのです。

制作者と実演家がもつこれらの著作隣接権は、作詞家や作曲家がもつ著作権と比べるとあまり知られていない権利です。そのためでしょうか？　競争の激しい芸能界ですが、歌手をはじめとした芸能人の権利を守るための団体も存在していて、彼らの権利が侵害されたときにはおたがいに助け合い、協力することもあるのです。相澤さんもそのような団体で活躍し、多くの実演家の権利を守ってきました。

最近では、ＹｏｕＴｕｂｅなどさまざまな方法で音楽を楽しむことができるようになりましたが、ときにはこうした芸能界を支える人たちの根強い活動を思い出し、彼らの権利を侵《おか》していないかどうか、考えてみることも必要なのではないでしょうか。

インターネット時代のファンとの交流

こんにち、インターネットのブログやインスタグラムなどのＳＮＳは、芸能人にとって欠かせない露出《ろしゅつ》の場です。自分の思いを語ったり結婚《けっこん》報告など個人的なニュースを発表したり、ファンと双方向《そうほうこう》で交流できることから、ネット上でも自分の個性や才能を生かして人気を得ることが可能になりました。

同時に、芸能人にとっては書いた内容のせいで「炎上《えんじょう》」が起きるなど、諸刃《もろは》の剣《つるぎ》であることも確かなので、「発言内容によって誰かを傷つけないような細かな配慮《はいりょ》が必要」だと相澤さんは考えています。写真や文章で自分を主張し過ぎたりしないよう、著作権などの生じる他者の画像や文章を勝手に使わないように注意する必要もあります。

一方、コンサート会場や街中などで芸能人に会う機会があれば、誰でもスマートフォンで簡単に彼らを撮影できますし、撮《と》った写真をすぐにＬＩＮＥなどで友だちに送ることもできるようになりました。それだけならいいのですが、その写真を多くの人たちが見るＳＮＳにアップしたりする人もいることは事実です。これは、絶対に無断で行ってはいけないことです。

芸能人やスタッフが、日々努力を重ねながらタレントとしてのイメージを作り、肖像権、パブリシティ権を守りながら仕事をしていることは、前出の説明でわかったと思います。そして肖像権にもかかわる人格権については、一般の人たちも芸能人と同様にもっているということを特に伝えたいと、相澤さんは言います。

たとえば、一生懸命《いっしょうけんめい》に勉強した塾《じゅく》の帰りに疲《つか》れて電車の中で眠《ねむ》ってしまったとき、友だちに撮影されたその姿をフェイスブックやＬＩＮＥグループに無断でアップされたらどんな気持ちがするでしょうか？　誰だってとても嫌《いや》な気分になると思います。それは芸能人も一緒《いっしょ》です。彼らだって仕事帰りの新幹線で疲れているとき、うっかり眠ってしまうこともありますが、そんな姿をこっそり撮影されて、自分が知らないところで拡散したら、心が深く傷つくこともあるのです。

インターネットが普及《ふきゅう》し、どんなことでも手軽に自由に発信することを覚えてしまった現代の私たちですが、ネットの便利さは、人々が主観的で利己主義になりやすい環境《かんきょう》も作っています。好きな芸能人の写真や画像をどうあつかうかということについて一瞬でも考えることは、他者を思いやり尊重する心を育てることにつながるでしょう。

では、芸能人の権利を尊重するためにファンはどうすればよいのか？

「一番簡単なのは本人に聞いてみること」だと相澤さんは言います。街で偶然《ぐうぜん》会った大好きなタレントの写真をスマートフォンで撮りたいときは、彼らに撮影していいかどうかたずねてみましょう。芸能人もスタッフも、たいていの場合、親切に答えてくれますし、ダメなときはその理由を教えてくれるはずです。「直接の交流」が大切なのです。

インターネットがまだなかった時代、人気アイドルには、「親衛隊」と呼ばれるファンのグループがついていました。ライブ会場などでアイドルが危害を加えられないように活動していたその姿を間近で見てきた相澤さんには、「応援《おうえん》したい、守りたい」という温かく優《やさ》しい思いや、その思いがアイドルのさらなる活躍につながると信じる彼らの純粋《じゅんすい》な気持ちが伝わってきたそうです。

世の中の流れや技術の進歩により、芸能界のコンテンツも芸能人に求められる才能も大きく変わり、ファンとの交流もネット中心へと移行しています。しかし、人に夢と希望をあたえるという芸能人の役割に変わりはありません。いつの時代も、ファンとともに成長してきた芸能界です。たがいに思いやりながら相手の権利を守り認める大切さを知ることは、芸能人とファンが優《すぐ》れたコンテンツを「一緒に」創る未来へつながっていくのだと、相澤さんは信じています。

（内田）

+α《プラスアルファ》 活躍《かつやく》の場が広がるお笑い芸人

先の章は芸能事務所から見た芸能界のお話でしたが、そもそも芸能人のお仕事って、いったいどういうものなのでしょうか。このコラムでは、サンミュージック所属のお笑い芸人ゴー☆ジャスさんにお話をうかがいました。

テレビからインターネットの世界へ

ゴー☆ジャスさんがテレビに出演するようになった2005年ごろは、多くの芸人にとっての主戦場はテレビでした。しかし2011年の東日本大震災《ひがしにほんだいしんさい》後、お笑い番組の放送を自粛《じしゅく》するテレビ局が続出します。そんな中、ほかの芸人同様、テレビ出演の機会が減ってしまったゴー☆ジャスさんは、テレビ以外に活躍《かつやく》の場を探し始めます。そしてあるとき、趣味《しゅみ》であるゲームの実況《じっきょう》動画をツイッターに投稿《とうこう》したこ

ゴー☆ジャス（ごー☆じゃす）お笑い芸人・声優。テレビ、ラジオ、雑誌のほか、ツイッターやYouTube、学園祭など、活動の場も幅広《はばひろ》い。キャッチコピーは「泣く子も黙《だま》る宇宙海賊《うちゅうかいぞく》」。

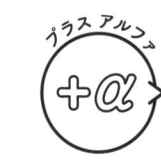

とを機に、ゲームやインターネット関連の仕事が少しずつ増えていきました。そして世間にユーチューバーと呼ばれる人々が現れるころには、インターネット配信番組での仕事をいくつも抱《かか》え、ネット上のファンをさらに増やしていったのです。★01

インターネットにおけるゴー☆ジャスさんの成功には、見た目にインパクトがある「キャラ芸人」としてのこだわりが活《い》きています。現在は海賊《かいぞく》風の衣装《いしょう》とメイクでインパクト大なビジュアルですが、芸人を始めたころは衣装もメイクも普通《ふつう》のものでした。しかしあるとき、出演したお笑いライブの最後に、自分がどんなネタをしたかをお客さんが誰《だれ》も覚えていないという事態が……。その状況に危機感を覚えたゴー☆ジャスさんは、まずはお客さんの記憶《きおく》に残るため、キャラ芸人になることを決意したそうです。動画のサムネイル表示だけでいかに客の興味をひきつけるかが勝負と言われるYouTubeは、キャラ芸人と意外な親和性があったわけです。

そもそも最初はお笑い芸人ではなく、声優になりたいと思って上京したゴー☆ジャスさん。芸人として成功し、声優という夢も叶《かな》えた今、こう振《ふ》り返ります。

「こんな形で夢が叶うとは思わなかったけど、結果的には遠回りしてよかった。最初は軽い気持ちで芸人を始めたけど、今は生き残るために、1年先ではなく5年

★01 公式ツイッター（@Gorgeous55555）のフォロワー数は、43万人以上（2019年10月現在）。

先くらいを見すえて、いろいろと考えながら動いています」

写真とSNS

ゴー☆ジャスさんは、メイクをして衣装を着ているとき、つまり「宇宙海賊ゴー☆ジャス」になっているときであれば、いつ写真を撮《と》られてもいいと覚悟《かくご》しているそうです（それでも「写真を撮らせてください」という一言があったほうが、より気持ちよく対応できるとのこと）。一方、キャラになりきっていないときには写真を控《ひか》えてほしいと言います。素顔の写真が出回ってしまうと、築き上げたキャラクターのイメージが壊《こわ》れ、お客さんにネタを楽しんでもらうことができなくなってしまうからです。

もう一つ、ゴー☆ジャスさんが芸能という夢の世界を守るために気をつけていることは、インターネット上での発言です。たとえばツイッターでのつぶやきは、ゲームなどの明るい話題に限定し、社会的な発言はしないようにしているそうです。炎《えん》上《じょう》を避《さ》けたいという思いがあるのはもちろんですが、「宇宙海賊ゴー☆ジャス」というキャラクターのイメージを壊さないよう徹底《てってい》しているのですね。

芸人として、個人として

ゴー☆ジャスさんはかつて、赤面症《せきめんしょう》★02がコンプレックスだったと言います。初めてテレビに出演したときに赤面してしまい、それで笑いをとってしまったことがとても嫌《いや》だったそう。白塗《しろぬ》りしたあのキャラは、そのコンプレックスを隠《かく》す意図もあったのですね。しかし年齢《ねんれい》を重ねた今、自然とそうしたことは気にならなくなったそうです。さらにゴー☆ジャスさんは言います。

「芸人として売れたいなら、お笑い以外の特技や趣味があったほうが近道になる。むしろ、自分の特技や趣味に特化したほうが、単純にお笑いをやるだけより、個人として幸せかもしれない」

趣味やコンプレックスを強みに変えていくことで、夢が思わぬ形で実現する。成功への道のりも、人の数だけ形があるのだと感じたインタビューでした。（田口）

★02　人前に立つときなどに、緊張《きんちょう》で顔が赤くなってしまう症状《しょうじょう》のこと。

芸能

肖像権《しょうぞうけん》とパブリシティ権

相澤《あいざわ》さんの話を聞いていると、芸能人の陰《かげ》で、芸能事務所が、その芸能人を発掘《はっくつ》し、育て、人気が出るようにサポートをするために大変な苦労をし、費用をかけてきたことがわかります。もちろん芸能人の才能と努力もありますが、それだけでは芸能人が人気を集めることは難しいでしょう。そんな芸能事務所にとっても、そして芸能人自身にとっても大切な権利が**肖像権《しょうぞうけん》**であり、**パブリシティ権**です。

みなさんも聞いたことがあると思いますが、肖像権とは①勝手に自分の肖像を撮《さつ》影《えい》しないでくれ、②勝手に自分の肖像を利用しないでくれ、という権利です。権利というと堅苦《かたくる》しいですが、勝手に写真を撮《と》られたり、その写真を勝手に使われたりしたら嫌《いや》な気持ちになりますよね。芸能人もまったく同じです。みなさんに見てもらうためのパフォーマンスの最中であればともかく、個人として生活をしている様子を無断で撮影されたり、撮影された写真を無断で使われたりしたら嫌な気持ちになります。あなたがその芸能人のファンなら、なおさらその方に嫌な思いをさせないようにしたいですね。

芸能事務所にとって大切なのは**パブリシティ権**です。人気が出てきた芸能人には、お客さんを引き寄せる力（**顧客吸引力**《こきゃくきゅういんりょく》）があります。その力を無断で利用させない権利がパブリシティ権です。これがあるので、自社の商品の売上を伸《の》ばすために、高いギャラを払《はら》ってでも人気のある芸能人に自社の商品を宣伝してもらおう、そう考えた企業《きぎょう》からギャラが支払われます。ギャラは芸能事務所と芸能人で分けることになりますが、芸能事務所の取り分は、新たな芸能人の発掘、まだ芽が出ていない芸能人のサポートなどに使われることになります。パブリシティ権が無視されて、ギャラももらえなくなったら、新しい芸能人も生まれにくくなることでしょう。

芸能界のおかげで私たちの暮らしは楽しく、豊かなものになっています。でも芸能人は物ではありません。表には出さなくても努力を惜《お》しまず頑張《がんば》っている人なのです。彼《かれ》らの芸を楽しむさいには、愛情とともに敬意も忘れずにいたいものです。

7 キャラクター

商標登録で「くまモン」を守る

熊本県庁《くまもとけんちょう》・くまモングループ（くまモン）

今や誰《だれ》もが知る熊本《くまもと》県の大人気キャラクターである「くまモン」。日本各地にご当地キャラクターがたくさんいるなか、くまモンは全国調査において好感度1位を獲得《かくとく》★01しています。２０１１年にはゆるキャラ®グランプリで1位を獲得、２０１３年には「新語・流行語大賞」にも選ばれています。

実際、熊本県内では至るところでくまモンのイラストを見かけ、全国に流通している多くの商品でくまモンが利用されています。くまモンを利用した商品の売上高は、年々伸《の》びており、２０１８年には1年間で１５００億円を超《こ》えました。これは大企業《だいきぎょう》の年間売上に匹敵《ひってき》するようなとても大きな経済規模です。

これほどまでの価値を生み出しているくまモンはなぜ生まれ、どのように人気を得ていったのでしょうか？　また、この人気キャラクターと知的財産はどのように

★01 株式会社日本リサーチセンター　２０１８年10月調査結果より。

かかわっているのでしょうか？　熊本県庁の知事公室くまモングループの四方田亨《よもだきょう》二《じ》さん、橋元宣雅《はしもとよしまさ》さんにうかがったお話をもとに紹介《しょうかい》していきます。

くまモン誕生のきっかけは新幹線⁉

２０１１年に九州新幹線が全線開業したことを覚えているでしょうか。実は熊本県庁ではこれを「１００年に１度のビッグチャンス」と位置づけ、大阪《おおさか》を中心とした関西からの観光客増加や企業誘致《きぎょうゆうち》、県産品の販路拡大《はんろかくだい》などのために「ＫＡＮＳＡＩ戦略」を打ち立てていました。新幹線が通ることで多くの人が熊本に興味をもってくれることを期待したのです。

しかし、熊本は九州新幹線の終着駅ではなく、マスメディアの報道では「新大阪―鹿児島《かごしま》」という記述が多かったため、通常のＰＲ方法では熊本が目立たず、他県の取り組みに埋《う》もれてしまうのではないかという心配がありました。

こうした中、熊本県出身の放送作家・脚本家《きゃくほんか》である小山薫堂《こやまくんどう》さんに相談したところ、「くまもとサプライズ」を実施《じっし》してはどうかとの提案を受けました。「くまもとサプライズ」とは、「九州新幹線全線開業をきっかけに、熊本県民が自らの周辺にある驚《おどろ》くべき価値のあるものを再発見し、それをより多くの人に広めていこうという運動」のことです。そして、小山さんの知り合いであるデザイナーの水《みず》野《の》学《まなぶ》さんが、2010年にくまもとサプライズのマスコットキャラクターを作成しました。このキャラクターこそが、くまモンなのです。くまモンというかわいい名前は、「くまもともの（熊本者）」の省略形ということで名付けられました。くまモンは、九州新幹線をきっかけに熊本の価値を見つめ直し、広めていこうという活動の中で生み出されたキャラクターと言えます。

果たして実際にくまもとサプライズは実施され、くまモンも世間に公表されることとなりました。そして熊本県庁では、くまモンに熊本のPRを託《たく》すという大きな決断をします。その後、くまモンはどんどん世の中に知られていく

くまモンのプロフィール

生まれたところ　熊本県

性別　オスじゃなくて男の子！

年齢《ねんれい》　ヒミツ（5歳《さい》というのは都市伝説）

性格　やんちゃで好奇心《こうきしん》いっぱい

とくいわざ　くまモン体操とサプライズを見つけて広げること

仕事　いちおう公務員。知事から熊本県の営業部長 兼《けん》 しあわせ部長に抜擢《ばってき》。くまもとサプライズを広めることで大好きな熊本の魅力《みりょく》をみんなに伝えるんだモン！

出没《しゅつぼつ》するところ　誰かをハッピーにしたいという想《おも》いがあるところ

ことになるのですが、その舞台裏《ぶたいうら》では、熊本県庁の職員が大きな役割を果たしていました。

ユニークなPRで認知度が急上昇《きゅうじょうしょう》！

くまモンが誕生したばかりのころ、もちろんほとんどの人はくまモンのことは知りません。現在の認知度や好感度を得るまでには、くまモン自身の活動はもちろん、それをバックアップする熊本県庁職員の大きな努力があったのです。

初めに実行したのは、新幹線に乗って熊本を訪《おとず》れる人が多いであろう大阪でのさまざまなPR戦略でした。前出の「KANSAI戦略」はすでに展開していましたが、開通直前の2010年からは、集中的に認知度を高めようという方針のもと、くまモンを思い切った形で活用していきます。第一弾《だいいちだん》の「神出鬼没《しんしゅつきぼつ》作戦」では、正体をふせたまま、得体の知れないキャラクターとしてくまモンに連日大阪を歩き回らせることで、世間の興味をひきつけました。その後、熊本県の公式キャラクターであると明かした上で、インパクトのある電車広告でJRの車両をジャックしたり、「ウラのない、おもてなし、学んでます」「熊本県は、くまの手も借りたいらしい」などの面白《おもしろ》いコピーをそえた名刺《めいし》を1万枚配ったりといった「くまモン話題化作戦」を展開。さらに、「1万枚の名刺を配るという指令に嫌気《いやけ》がさしたくまモンが失踪《しっそう》する」という物語を作り、熊本県知事自らが緊急《きんきゅう》記者会見を行うなど、面白いストーリーで多くの人々を巻きこみました。そのほか、熊本県知事や芸能人とともに、お笑いの殿堂《でんどう》といえる吉本新喜劇に出演したことも、話題を呼びました。

こうしたユニークな取り組みは、大阪に「お笑い」の文化があることに着目したもので、くまモンは当初のねらい通り、新聞やテレビ、インターネットなどのマスメディアやSNSで大きな話題となりました。最終的には九州新幹線の広告でも「新大阪―熊本・鹿児島中央」と記載《きさい》されるようになるなど、熊本県の認知度アップ作戦は大成功をおさめたのです。

このような大きな成果があがった背景としては、熊本県知事をはじめ、県庁の内部にくまモンというキャラクターを活《い》かしたPR作戦に理解がある人が多く、合意形成や予算確保がしやすかったことがあげられます。

その後、くまモンは熊本県の営業部長に抜擢《ばってき》され、さらにその勢いを増していきます。大手食品メーカーの商品にくまモンのイラストを利用してもらうという、企業とのタイアップ事業を始めたのです。こうした民間とのタイアップはあっという間に話題となり、希望する企業が急増。これを機に、企業が熊本県庁に申請《しんせい》し、許諾《きょだく》が得られさえすれば、基本的に無料で、くまモンを利用した商品の製造や販売ができるようになったのです。

以上のように、くまモンが人気になるまでの話をまとめると、ユニークな取り組みを行うことで多数のメディアで紹介され、くまモンの認知度は急上昇。さらに、許諾を得れば無料で利用できるため、くまモンを商品に利用する民間企業がどんどん増え、商品の流通にともなってくまモンの認知度もさらに高まるという、商品とくまモンのおたがいにとって望ましい好循環《こうじゅんかん》が生まれたと言えます。

このようにして、くまモンは日本全国に知られるようになっていったのです。

くまモンを利用したさまざまな商品。

くまモンの著作権と商標権

さて、くまモンの利用は基本的に「無料」であり、企業が「申請」して熊本県庁が「許諾」をすれば、くまモンを利用した商品の製造や販売ができる、と先ほど説明しました。つまり逆に言えば、無料であるにもかかわらず、企業は勝手にはくまモンを利用できないということになります。

なぜそうした申請や許諾が必要になる状況《じょうきょう》を作り出せるかというと、くまモンは著作権と商標権によって保護される知的財産だからです。知的財産である以上、それを利用するためには権利者の許諾を得るなどの法律に従う必要があります。熊本県庁はこうした知的財産の権利者であるため、誰がどのようにくまモンを利用するかをコントロールすることができるのです。それではなぜ、基本的に無料であるにもかかわらず、そのようなコントロールが必要なのでしょうか。

〈くまモンの著作権〉

くまモンを生み出したのはデザイナーの水野さんであり、本来的には水野さんがくまモンの著作権者です。しかし、水野さんからその権利を譲《ゆず》り渡《わた》してもらうことで、実際には熊本県庁が著作権者となっています。また、著作者（水野さん）から別の人（熊本県庁）に譲り渡すことができない**著作者人格権**★02という権利もあります。その著作者人格権の一つには、**同一性保持権**という勝手に著作物の内容を変えてはならないという権利があります。これが重要なのです。

くまモンは、黒と白と赤という少ない色とパーツの組み合わせでデザインされているため、ちょっとした改変を加えただけで、くまモンらしさはすぐに失われてしまいます。そして偽物《にせもの》のくまモンが出回ってしまうと、くまモンのイメージを統一できなくなったり、「愛嬌《あいきょう》や親しみのあるキャラクター」というくまモンのブランド性が崩《くず》れてしまう恐《おそ》れがあります。そのため熊本県庁は、勝手にくまモンのデザインが変えられないよう、さまざまなポーズの見本を作成したり、商品の現物をチェックしたりといった、細やかな管理を行っています。作り手に「改変してやる！」という悪意がなかったとしても、結果的に公式デザインとは違《ちが》うものが出回り、くまモンのブランドイメージや著作者の水野さんの思いが傷つくことのないよう、管理する必要があるのです。

★02　作品（著作物）が作り手（著作者）の内面を表現したものであることに着目して、「作品を利用するときには作り手の作品にたいする思いや気持ちを大切にしよう」という権利のこと。作品には財産としての価値があることに着目し、「無断で利用してはならない」とする著作権とは別の権利です。

〈くまモンの商標権〉

商標は、自社の商品やサービスを他社のものと識別するために使われるマークです。商標の登録の出願をするときには、他社がその商標を使えないようにするため、「農産物などの商品」や「教育学習のサービス」など、どのようなケースで使うのかを指定します。また、商標には商品名などの「文字」やイラストなどの「図形」があり、くまモンの場合、その両方が登録されています。そのため、企業は勝手にくまモンという言葉やくまモンのイラストを利用することはできず、熊本県庁に商標利用の申請を行い、許諾を得る必要があるのです。

知的財産権があることで、価値が最大化する

こうした申請と許諾のしくみを取り入れることで、何がコントロールできるのでしょうか。

たとえば、熊本県ではないほかの地域で収穫《しゅうかく》された農産物にくまモンが利用されるとしたらどうでしょう。本来、くまモンは熊本県をアピールするために存在して

いることを考えるとおかしなことになります。ですので、こうした場合、仮に企業側から利用料を支払《しはら》うと言われた場合であっても許諾することはできません。

逆に、熊本県産の農産物にくまモンのマークを付ければ、さまざまな商品がある中で熊本県産のものが目立ち、身近に感じてもらえたり、選ばれやすくなったりします。つまり、商品力が向上するのです。くまモンの人気が高まるとともに、熊本県産の農産物のブランド価値も高まり、よりいっそう売れることが期待されます。最終的にはくまモンのバックアップによって熊本県内の企業の収入が増加するという状況を生み出せるのです。

こうした事情から、食品については原則として熊本県内の企業だけがくまモンを利用できることとし、熊本県の企業がくまモンの経済効果の恩恵《おんけい》を受けられるようにしています。ただし特例として、県外の企業であっても熊本県産の原材料を使って

登録5540074　存続 - 登録 - 継続　経過情報　公報

(111)登録番号　：第５５４００７４号
(151)登録日　：平成２４年（２０１２）１１月３０日
(441)公開日　：平成２４年（２０１２）４月１９日
(210)出願番号　：商願２０１２−２３７１５
(220)出願日　：平成２４年（２０１２）３月２８日
先願権発生日　：平成２４年（２０１２）３月２８日
(180)存続期間満了日：平成３４年（２０２２）１１月３０日
拒絶査定発送日　：
最終処分日　：
最終処分種別　：
(732)権利者　：
氏名又は名称　：熊本県
住所又は居所　：熊本県熊本市中央区水前寺六丁目１８番１号

(531)図形等分類：3.1.14; 3.1.17; 29.1.1.2; 29.1.8.2; 29.1.11

付加情報　：(591)色彩有り
法区分　：平成２３年法
国際分類版表示：第１０版
(500)区分数　：２８

(540)　：
拡大表示

くまモンは、その名称《めいしょう》とイラストが商標として登録されています。

特許庁 J-plat pat より

いれば、くまモンを使えるようにしています。

このように、商標登録をしておけば、誰がどのようにくまモンを使うことができるかをコントロールすることができます。さらに、くまモンや熊本県のイメージを下げてしまうような商品やサービスに利用されることを防ぐこともできるのです。

橋元さんは、「メリットを拡大する攻《せ》めの意味でも、デメリットを防ぐ守りの意味でも、くまモンにとって知的財産権で保護されている意義は大きいです。熊本県庁のホームページにはくまモンの利用の手引きを掲載《けいさい》しており、利用者には厳格に守っていただいています」と説明します。

しっかりとした手引きがある一方、知的財産にかんするトラブルは起こっていないのでしょうか。四方田さんは「日本で問題になるようなケースはあまりありません。高い認知度が得られたことによる防御《ぼうぎょ》の効果が出ているのかもしれません」と言います。

参考までに、知的財産の管理方法についても紹介しましょう。企業からのくまモンの商標利用申請にたいしては、県庁職員による直接の対応は行わず、外部の組織に委託《いたく》しています。申請の数が膨大《ぼうだい》であるため、そのほうが効率的だからです。万が一何か問題が生じた場合には、県庁の職員が対応することにしています。

また、同じ企業が何回も申請するケースが多く、そのたびに商品やサービスの提供主体として問題ないかどうかチェックをするのはおたがいに負担がかかるため、一度登録すると3年間は更新《こうしん》する必要がない事業者登録制度も導入しています。

海外へと拡大するくまモン経済圏《けいざいけん》

熊本県庁は、くまモンを知的財産として登録し、正しくコントロールすることで、その利用を拡大していくことができたと言えます。実際、くまモンを利用した商品の売上高は7年連続で伸びています。2018年は1505億円強と前の年より約7%増え、2011年以降の累計《るいけい》の売上額は

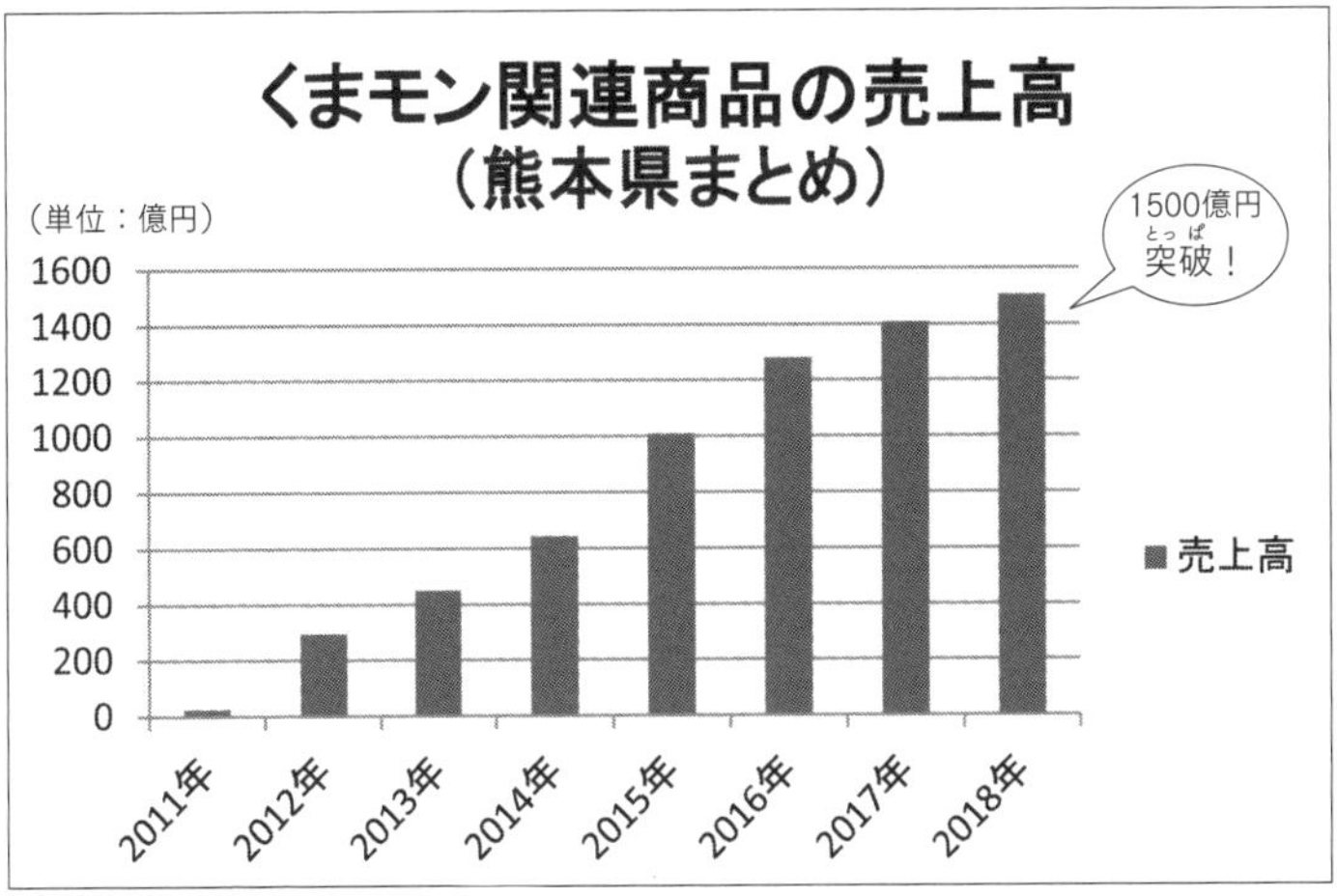

資料提供：熊本県庁

６０００億円を大きく上回っています。売上のかなりの部分が熊本県内の企業や農協によるもので、熊本県における経済効果は非常に大きいと言えます。

「現在、**１年間で３０００件くらいの商標利用の申請が来ています。**ピークは１万件ありました。いったん許諾を得ると3年間使えるため、全体の売上が上がっていることも考えると、商品数が減っているわけではないだろうと思っています」

と橋元さんは言います。

「熊本《くまもと》地震《じしん》が起こった後の復興《ふっこう》支援《しえん》のときには募金箱にくまモンを付けたいという要望があり、緊急的な対応として届出だけでよいとしました。このときは届出だけで６０００件も寄せられました」

このように日本国内で大きな盛り上がりを見せるくまモン経済圏ですが、その範《はん》囲《い》は海外にも拡大しています。２０１４年の段階で、中国、韓国《かんこく》、香港《ほんこん》、台湾《たいわん》、シンガポール、タイ、アメリカ、ＥＵなどの国や地域においても商標登録の手続きを終え、くまモンのグッズ販売ができるようになりました。★03 今では海外でも人気が出たことで、くまモンを目当てに熊本県までやって来る外国人もいるのです。全国各地を飛び回るくまモンの活動拠点《きょてん》である「くまモンスクエア」では、くまモンにか

★03 海外での商標登録は、知的財産を保護するための国際機関であるＷＩＰＯ（世界知的所有権機関）によって管理されており、登録の手続きは、各国のルールに従って進める必要があります。また、「基本的にくまモンの利用は無料」と説明しましたが、海外における利用は別制度のため有料となっており、熊本県にも利用料の一部が入るようになっています。

んする情報はもちろん、熊本県の観光・物産情報も発信しており、そこには毎日多くの外国人が訪れていると言います。

　くまモン経済圏の海外への拡大は順調にみえますが、課題はないのでしょうか。四方田さんはこう打ち明けます。

「知的財産については悩《なや》みがつきません。たとえば中国では、熊本県庁の許諾なしに勝手にくまモンの関連商品を作ってしまうケースがたくさんあります。それだけでなく、商標登録のさいにはどのような分類の商品やサービスで使うかを指定するのですが、我々が取得していない分類を見つけ、中国企業が商標出願してしまうケースが多く発生しています。異議申し立てをすべきなのですが、常に全体を監視《かんし》することは難しく、すでに商標登録されてしまったケースもあります。さらに、商標登録の際は、二つの名称《めいしょう》に類似性《るいじせい》があったとしても、それを人々が誤認するかどうかが判断基準となります。そのため、私たちが異議を申し立てても、中国企業が申請中の名称を1文字変えるだけで、商標として認められてしまう可能性があるのです」

　このように海外事業においては課題も多くありますが、くまモンとくまモンを文

おそろいの服で働く、くまモングループの職員。

える熊本県庁の職員はそれを乗りこえ、さらに活躍《かつやく》していくことでしょう。海外で最も有名な日本発のキャラクターとなる日も近いかもしれません。

最後に、橋元さんはこう思いを述べてくれました。

「くまモンを通して熊本の魅力を知ってほしいです。ぜひ実際に熊本を訪れて、本物のくまモンに会っていただき、美味《おい》しい食べ物を食べて、豊かな自然にふれて体験してほしいです」

（島林）

キャラクター

商標権

熊本県庁《くまもとけんちょう》の方のお話にもあるように、くまモンのようなキャラクターでは著作権と商標権が両方関係してきます。著作権についてはほかの項目《こうもく》でも説明をしましたから、ここでは商標権について説明をします。

商標とは要するにブランドのシンボルのことです。くまモンは、熊本県産のものであるというブランドを示すシンボルとして使われているわけです。本文中にもある通り、このシンボルを特許庁に商標として登録すると商標権が認められ、勝手に商品やサービスに使用することはできなくなります。くまモンが商標登録され、無断で使用することができなくなった結果、商品にくまモンが表示されていたら、熊本県が許可をした商品だということを表示することになります（これを**出所表示機能**と言います）。また、熊本県は一定のルールに従って許可をしていますから、そのルールに合った商品だということを表示することにもなります（これを**品質保証機能**と言います）。そして、くまモンの人気とも相まってその商品自体の知名度が上がることになります（これを**宣伝広告機能**と言います）。これら三つの機能が関係し合いながら、くまモンは全国的にも有名なブランドとして確立されてきたわけですね。

商標権は登録されることで権利が成立しますが、同じ商標について複数の人が登録をしようとした場合、原則として先に特許庁への出願をした人が優先されることになっています。くまモンも、企画《きかく》段階の情報がもれて、誰《だれ》かが先に出願をしていたら大変なことになっていたかもしれません。

商標権はブランドのシンボルとして使用することを禁止する権利ですから、ブランドのシンボルとして使用しない場合は商標権には引っかかりません。この本にもくまモンが登場しますが、説明のために掲載《けいさい》しているだけで、この本のブランドのシンボルとしているわけではありません。ですから商標権には引っかかりません。

商標の種類は徐々《じょじょ》に拡大されていて、くまモンのような伝統的な文字やイラスト（図形）のほか、記号、立体的形状、動き、ホログラム、色彩《しきさい》、音、位置なども登録ができるようになっています。

8 アニメ

日本のアニメ作品と二次利用

株式会社
サンライズ
『機動戦士ガンダム THE ORIGIN《ジ・オリジン》』

お話をうかがった谷口《たにぐち》さん

海外でも愛されている日本のアニメーション作品。日本動画協会によると、2017年現在で日本の市場規模は2兆円を超《こ》えていて、そのうち半分の消費は海外でのものだと言われています。日本のアニメには、子どもだけではなく、さまざまな年齢層向けの作品があります。そして、作品ジャンルも「ロボット」や「アイドル」「日常もの」など独特かつ多様です。このことから、日本的なアニメーション作品は、海外では“anime”と呼ばれています（この章でもすべて「アニメ」と書いています）。日本のアニメは海外のものとは異なる独特の文化だと言えそうですね。

今回は、2015～2018年に全国の映画館で公開された『機動戦士ガンダム THE ORIGIN《ジ・オリジン》』（全6話）に携《たずさ》わられた株式会社サンライズのプロデューサー谷口《たにぐち》理《おさむ》さんに、アニメを作る仕事や著作権のあつかいについて教えていただきました。

アニメの作り方

日本の多様なアニメ作品は、アニメスタジオ（アニメ制作会社とも呼びます）で作られます。株式会社サンライズは日本を代表するアニメスタジオの一つです。同社は「機動戦士ガンダム」、「ラブライブ！」など、日本人ならば一度は聞いたことのある作品を生み出している会社です。特に「機動戦士ガンダム」は1979年に初めて放送されてから、シリーズ作品として公開されていて、最近でも『機動戦士ガンダム　THE ORIGIN』（以下『THE ORIGIN』）や『機動戦士ガンダム　鉄血のオルフェンズ』、『機動戦士ガンダムNT《ナラティブ》』などの新作がテレビで放送されたり、映画館で上映されたりしています。

それでは、アニメはどうやって作られるのでしょうか。

まず、アニメを作る仕事は、「制作」と「製作」の大きく二つに分けられます。どちらも「せいさく」と読みますが、意味は異なります。簡単に言うと、アニメそのものを作る

『機動戦士ガンダム　THE ORIGIN』のテレビ用ビジュアル。

仕事を「制作」と呼びます。そして、企画《きかく》を考えてお金を集めたり、作品を宣伝したり、ライブや舞台《ぶたい》などの作品の二次利用のための企画を考えたり、ほかの会社にライセンス★01したりといった、アニメビジネス全体にかかわる仕事を「製作」と呼びます。日本では「制作」のみを行うアニメスタジオが多い中で、サンライズは「製作」まで行う「数少ないスタジオの一つ」と谷口さんは言います。

★01 権利の使用を第三者に許諾《きょだく》すること。対価として使用料を集める場合が多いです。

アニメの「製作」とはなにか

それではまず、アニメの「製作」の流れを見ていきましょう。谷口さんによると、作品のタイプには大きく分けて「マーチャンダイジングもの」「原作もの」「オリジナルもの」の三つがあり、それぞれ企画の内容やお金の集め方が違《ちが》うとのことでした。

「**マーチャンダイジングもの**」とは、ゲームやカードゲームなど、商品化（マーチャンダイジング）と関連した作品のことです。たとえばサンライズの作品で言うと、「バトルスピリッツ」（現在はサンライズから分社したバンダイナムコピクチャーズの作品）というカードゲームをもとにした作品がこれにあたります。「マーチャンダイジングもの」でお金を集めるには、商品をあつかっている会社にアニメスタジオのプロデューサーが作品の企画内容を説明して、アニメ製作のための費用を出してもらうというのが一つの方法です。そのほか、商品をあつかっている会社がアニメスタジオに声をかけて、コンペ[★02]を経てアニメを作るという逆のパターンもあります。

続いて「**原作もの**」とは、マンガやライトノベルなどを原作にして作る作品のことです。プロデューサーは世の中にある無数の作品にたいしてアンテナを張りながら、良さそうな作品があれば、出版社や原作者であるマンガ家や小説家などに直接会って、話をしながら企画の「種」を育てていきます。そしてビジネスとして成立しそうならば、出版社や原作者から正式に許諾《きょだく》を得て、出資者を集めるという流れになります。

そして「**オリジナルもの**」。これは元となる商品や原作がないところから、ゼロから作品づくりをスタートするものです。たとえば、スタジオジブリの宮崎駿《みやざきはやお》監督[★03]《かんとく》やスタジオ地図の細田守《ほそだまもる》監督[★04]の作品が代表的ですね。「オリジナルもの」でも関連グッズを販売《はんばい》することはありますが、映画の興行収入[★05]やテレビ放送、DVDの販売など、映像によるビジネスが中心となる傾向《けいこう》が強いようです。映像で訴《うった》えかける分、

★02 コンペティションの略。いくつかの会社によって行われる競合提案のこと。

★03 1941年〜。アニメーション作家、監督。原作・脚本《きゃくほん》・監督作品に『風の谷のナウシカ』『千と千尋《ちひろ》の神隠《かみかく》し』『崖《がけ》の上のポニョ』など。

★04 1967年〜。アニメーション作家、監督。代表作に『時をかける少女』『おおかみこどもの雨と雪』『未来のミライ』など。

★05 映画館の入場料収入のこと。

メッセージ性の強い作品が多くなるため、谷口さんの場合には「今の世の中をふまえて、子どもたちに何かを訴えかけたい」、そして「若者がひきつけられるようなかっこいいものを作りたい」という意識をもって、作品づくりに取り組んでいるそうです。

このように、アニメにはさまざまな題材や作り方があることがわかってきましたが、どのタイプにも共通するのは、アニメ製作を担うプロデューサーは、どうやって作品の製作費を集めるのかを考える必要があるということです。たとえば、ゲーム会社に作品のゲーム化を許可する代わりに、お金を出してもらう。テレビ局に作品の放送を許可する代わりに、お金を出してもらう。このようにプロデューサーは、作品を上手に活用しながら、アニメを作るためのお金を集めていく必要があるのです。

具体例として『THE ORIGIN』のケースをみてみましょう。この作品の場合は、サンライズが著作権をもつ「ガンダム」を原作とした「オリジナルもの」と、プラモデルをはじめとしたさまざまな商品・サービスを展開する「マーチャンダイジングもの」の両方の要素があると谷口さんは言います。この作品を映像化するにあたり、谷口さんはまず、「機動戦士ガンダム」シリーズで**キャラクターデザイナー**[★06]と**作画監督**[★07]を務めている安彦良和《やすひこよしかず》さんに総監督を依頼《いらい》し、脚本家《きゃくほんか》である隅沢克之《すみさわかつゆき》さんと3名でどういった脚本にするかを検討していきました。同時に、プロデューサーである谷口さんは、スタッフの確保、宣伝の予算繰《よさんぐ》りといった「製作」の仕事も進めていたのですが、アニメの「制作」にはさまざまな工程があるので、のちほどくわしく説明します。

アニメの二次利用と製作委員会

こうして完成した作品『THE ORIGIN』は、最初に映画館でイベント上映され、上映後すぐにDVDやブルーレイなどのソフト商品も販売されました。映画館での上映では、プロデューサーはプロモーター[★08]と相談しながら、映画館での限定グッズや入場者特典なども考える必要があります。

また、「機動戦士ガンダム」シリーズの場合には、同じバンダイナムコグループでライセンシー[★09]である株式会社BANDAI SPIRITS《バンダイスピリッツ》という会社に、作中のモビルス

★06　ゲームやアニメなどのキャラクターをデザインする仕事。

★07　分業されて描《えが》かれたアニメの画力や絵柄《えがら》のバラツキを統一する仕事。

★08　作品の宣伝や宣伝戦略を考える人。

★09　著作権や商標などの使用許諾（ライセンス）を得て、二次利用をする側。

ーツ[★10]のデザイン情報を提供して、プラモデル商品の監修にもあたっています。

『THE ORIGIN』は、2019年4月よりNHKにてテレビ放送されましたが、この場合にはテレビ局にライセンスすることから、テレビ向けに長さや内容を調整する必要がありました。

そのほか、過去の作品を海外向けに販売していることに加え、最近では、舞台やライブなどの二次利用も多岐《たき》にわたっています。このようにサンライズでは、「I《アイ》P《ピー》(知的財産＝Intellectual《インテレクチュアル》 Property《プロパティ》)を作って、それをアニメだけではなくさまざまなコンテンツに展開している」と谷口さんは言います。

作品を幅広《はばひろ》い対象に知ってもらい、たくさんの方に楽しんでもらうために重要なことは、宣伝です。谷口さんは「宣伝の仕方一つとっても、今はYouTubeでの配信などいろいろな手段があるので、プロデューサーは常に新しい宣伝方法を考えていかなくてはなりません」と言います。とはいえ、アニメの知的財産は、ゲーム、おもちゃ、CD、映像ソフトなど、二次利用の活用の幅がかなり広くなってきており、プロデューサーが考えなければならない領域はどんどん広くなっています。

★10 ガンダムをはじめとする人型兵器ロボット。

そこで、一般的《いっぱんてき》にアニメ作品では、いくつかの会社が集まって**製作委員会**★11という組織を作り、作品をプロデュースする場合が多くなっています。アニメのエンドロールでよく、「○○製作委員会」という言葉を見かけますね。これは多くの会社に参加してもらって、お金を集めつつ、映画配給会社は映画館への配給、おもちゃメーカーはおもちゃの製造・販売、アニメスタジオはアニメ制作というように、製作委員会のメンバーそれぞれの強みを生かして、みんなで作品をプロデュースする方法になります。

★11 製作に必要な資金を出した企業や個人の集まりで、その作品にたいしてさまざまな権利をもちます。アニメの場合は、出版社、テレビ局、ゲーム会社、おもちゃメーカー、広告代理店などが参加する場合が多いです。

アニメの「制作」とはなにか

ここまでは、アニメビジネスについてのおおよその流れを見てきました。続いて、実際にアニメを作る仕事である「制作」に着目しながら見ていきましょう。

まず「**企画**」の段階では、プロデューサーは作品の方向性を決めて、監督をはじめとするさまざまな役割の人選を行い、スタッフの全体像を固めます。

脚本家は、「**脚本**」を書きながら、その内容をプロデューサーや監督とともに検討していきます。さらには、主要な登場人物のデザインを決める「キャラクターデザイン」、ガンダムなどのロボットや乗り物などのデザインを決める「メカニカルデザイン」、背景の雰囲気《ふんいき》などの「美術設定」、キャラクターの色を塗《ぬ》るときにどの色を使うのかといった「色彩《しきさい》設定」など、さまざまな人々が携わって主要な設定を決めていきます。

監督は一つひとつのシーン（「カット」と呼びます）ごとに絵と脚本を説明する「**絵コンテ**」を作ります。この絵コンテをもとに、大まかにキャラクターを描《えが》いた「レイアウト」、レイアウトを清書した「第二原画」を作成していきます。この二つをあわせて「**原画**」と呼びますが、原画は「作画監督」、作画監督全体を統括《とうかつ》する「総作画監督」のもとでチェックされて、質の高いアニメにするためブラッシュアップされていきます。次に、カットとカットの間をつなげる絵を描く作業に入りますが、これが「**動画**」と呼ばれます。この原画と動画に携わる人たちが「アニメーター」と呼ばれ、アニメ作品の根幹を支えるスタッフとなります。

すでに見てきたように、アニメは、ゲーム、出版、テレビなど、さまざ

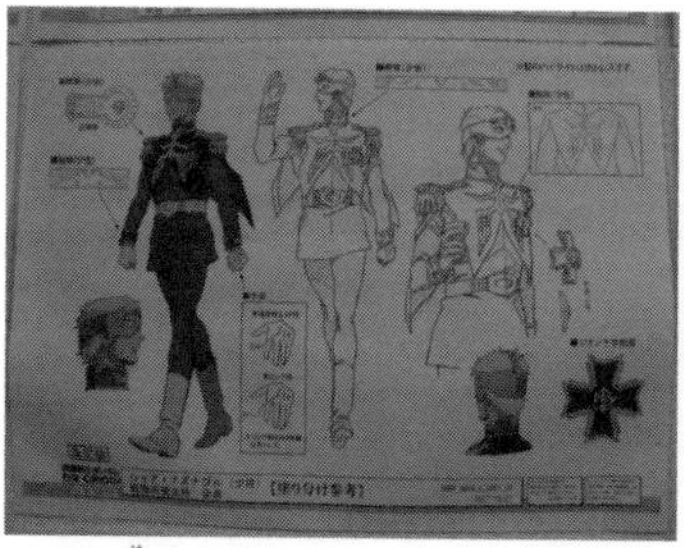
会議室に貼《は》られたキャラクターデザインの設定書。

会議室では作画の打ち合わせや、正しく色が反映されているかのチェックなどを行います。

まなビジネスに応用できることから、作品数が年々増加しています。一方で「アニメーターなど制作に携わる人の数は増えていないため、作品によっては作画崩《さくがくず》れ★12などども増えてきている」と谷口さんは言います。とはいえ、日本のアニメは海外からも注目されているため、業界全体では外国人スタッフの数も増えているそうです。サンライズでも『機動戦士ガンダムNT』のキャラクターデザインを韓国《かんこく》出身の金《キム》世俊《セジュン》さんが担うなど、今後も増加するだろうと話しています。

原画や動画ができあがったら、原画をコンピュータに取りこんで色を塗る「**彩《さい》色《しょく》**」(「仕上げ」とも呼びます)をします。並行《へいこう》して主にロボットなどに用いる「**CG**★13」を作成し、背景の画像は「美術会社」と呼ばれる専門の会社に依頼します。その後、できあがったすべての絵を、専門の動画作成ソフトで映像に仕上げていきます。

映像が大まかにできあがると、声優さんが声を吹《ふ》きこむ「**アフレコ**★14」という作業を行います。そして、最終的に効果音や音楽をつける「**ダビング**」、映画や放送に合わせて編集して

★12 予算やスケジュール不足などが原因で、作品の質の維持《いじ》・管理ができないこと。

★13 コンピューター・グラフィックス。コンピューターによって作られる画像のこと。

★14 「アフターレコーディング」の略。

線をしっかり引かないと、コンピューターで色を塗るときにうまくいきません。アニメーターは真剣《しんけん》な表情でしっかりと清書しています。

いく「V編[★15]」といった作業を経て、ようやく完成となります。

普段、何気なくみているアニメに、さまざまな工程や専門用語がたくさんあることがわかりました。制作では、こうした一連の流れがうまく動くように、「制作進行」の担当者が、「制作デスク」という責任者のもとでしっかりと仕事内容を管理していきます。また、プロデューサーは、制作している間も予算は常に確認《かくにん》して、もし、資金が不足するようであれば、映像の展開方法などを検討しなおす必要があります。

『THE ORIGIN』は、最近のアニメ作品の中では丁寧《ていねい》に作られた作品と言われていて、１話あたり約２００名ものスタッフが携わっていたそうです。上映された全6話にすると延べ約１２００名ということになります。制作期間は作画から納品まで約10カ月程度ですが、脚本や絵コンテ、デザインなどの期間を入れるともっと長くなります。全6話を２０１５年から２０１８年にかけて公開した本作品ですが、製作開始は２０１４年でした。このように、作品が公開されるおよそ１

制作の主な流れ（一例）

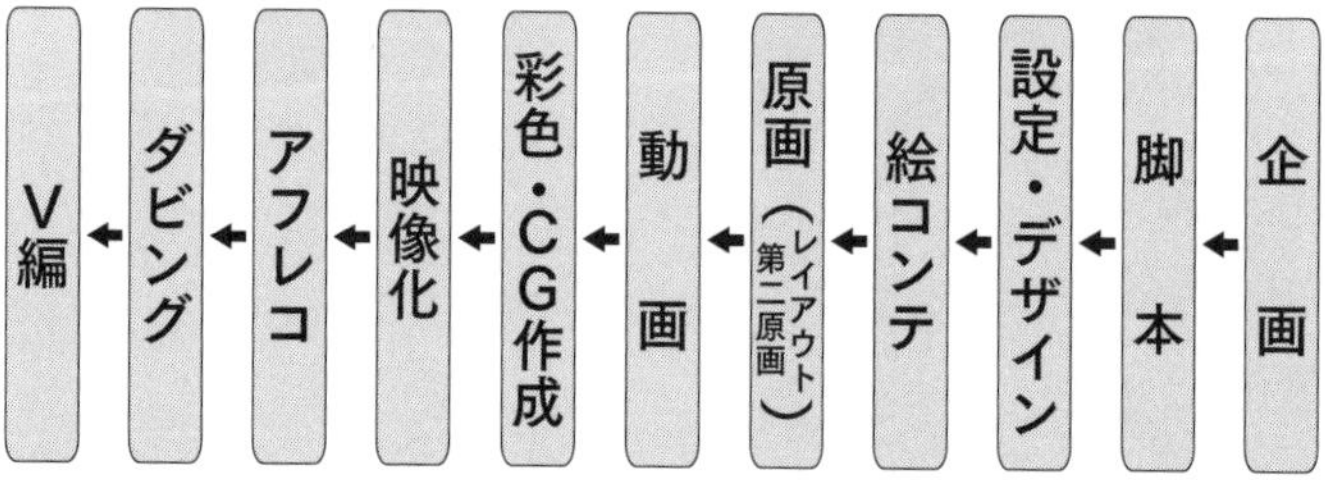

年前から作画を始めることが多いようです。

アニメと密接にかかわる「著作権」「商標」

ここまで見てきたように、アニメはさまざまなビジネスに応用できると同時に、多くの労力がかかることがわかりました。

映画の章の桑野《くわの》先生の解説にも出てきましたが、映像作品の著作権は、著作権法上、その製作に「発意と責任」をもつ映画製作者に帰属すると規定されています。ですから『THE ORIGIN』の場合は、株式会社サンライズが「著作権者」となります。そして、監督のように作品全体の形成に創作的にかかわった人が「著作者」となります。

また、作品の挿入歌《そうにゅうか》などの独立した著作物にはアニメ作品とは別の著作権が発生します。挿入歌の場合は音楽著作物なので、JASRAC《ジャスラック》などへその著作権が信託《しんたく》されることが多く、使用者がJASRACなどに使用料を支払《しはら》うことで、その著作権者に還元《かんげん》されることになります。

★15　「ビデオ編集」の略。

このようにサンライズでは、映像作品にかんする著作権を確保するとともに、商標も出願・登録し、関連グッズが自由に展開できるようにしています。また、一方で、「機動戦士ガンダム」や「ラブライブ！」など、サンライズ作品の関連グッズに、もしも偽物《にせもの》が流通してしまっては、作品製作にお金を出してくれた人たちに利益が還元されず損《そん》をさせてしまいます。ですからサンライズでは、著作権や商標権に基《もと》づき**海賊版**《かいぞくばん》★16を差し止めるように活動しています。著作権や商標権に基づき税関★17に輸《ゆ》入差止申立《にゅうさしとめもうしたて》★18をすることで、海賊版が輸入される前に差し止めてもらったり、海賊版を作っている海外の工場に警告して、海賊版を作るのをやめてもらったり、現地の取締《とりしまり》機《き》関《かん》に依頼して摘発《てきはつ》してもらったりしています。つまり、正規商品のみを世間に流通させることで、消費者は高品質な商品を手に入れることができるということです。このような形で、作品に出資してくれた人たちだけでなく、私たち消費者も守られているのですね。

サンライズでは「製作」と「制作」の両方を担う

★16 権利者に無断でコピーされた音楽CDやDVD、ゲームソフトなどのこと。

★17 空港や港で、海外から届いた荷物の取りしまりなどをする役所。

★18 特許権、商標権、著作権などの知的財産権をもつ人が、その権利を侵害《しんがい》する貨物にたいして輸入の中止を求める制度。

では、なぜサンライズでは、ここまで手間や時間をかけて「制作」と「製作」の両方を担うのでしょうか。谷口さんは、「素晴《すば》らしい映像を作ることができる制作チームがあることが、そのスタジオ、そしてそのプロデューサーの信頼になるから」と言います。言いかえると、アニメスタジオが自らビジネスを展開することで、「製作資金を潤沢《じゅんたく》にすることができ、ひいてはアニメーターの生活を整えられる」のだそうです。アニメーターは新人のころは収入が安定せず、生活が大変であると一般的に言われています。こうした中で、谷口さんは、人に仕事を依頼するときには、「彼《かれ》らの家族や住宅事情など、その生活や人生まで想像することが大切」だと言います。プロデューサーは、自分でスタッフを選び、彼らの時間をもらって作品を作るため、その仕事には大きな責任が伴《ともな》います。サンライズの会社全体でも「サンライズ作画塾《さくがじゅく》」に代表されるようなアニメーターの人材育成を進めていますし、各作品のプロデューサーが社長に成果を報告するときには、映像だけではなく、おもちゃなど関連グッズのビジネス状況《じょうきょう》も厳しくチェックされるようです。こうして、作品に携わった人たち全員がしっかりと収入を得ていくことが会社として大切であるという意識が、サンライズには根付いているようです。

制作にかかわる予算をしっかりと確保して、人を大切にしながら作品を作り上げていくことで、作品がよりよいものになり、次の作品へとつながっていくことがわかりますね。

アニメのプロデューサーに必要な力とは

これだけ大がかりな作品を作った後は、さぞかし達成感も大きいだろうと思い、谷口さんに「達成感を感じる瞬間」についてたずねたところ、「ないです。見つかったら辞《や》めています」ときっぱり。そして、アニメに携わる人は「この作品でいいんだと満足してしまったら、みんな辞めてしまうと思う」と続けました。サンライズが手がけた超人気《ちょうにんき》作品でも、その関連ビジネスについては社長から常に高いハードルが示されるようで、「そのハードルを越《こ》えようとするので、常に探求心をもって仕事に挑《いど》むことができる」のだそうです。谷口さんのお話をうかがっていて、アニメプロデューサーの仕事のやりがいは、そのあたりにあるのではないかと感じました。

また、谷口さんは中学生時代、マンガや小説は読んでいたものの、アニメはあまり見ておらず、スポーツ一辺倒《いっぺんとう》だったと言います。そんな谷口さんが、今まで一貫《いっかん》して継続《けいぞく》してきたことはあるのでしょうか。

「その時その時の出会いを大切にすることでしょうか。緊張《きんちょう》することもあるけど、人と話をすること自体は好きなんです。人と接するときのハードルは低いと思う」

知的財産は、クリエイターが一人で家の中にこもって生まれる場合もあると思います。しかしこれまで見てきたように、アニメという知的財産は、多くの現場スタッフによって作られ、さまざまなビジネスに応用されるという特徴《とくちょう》をもっています。そうして作品とお金が社会を循環《じゅんかん》していくことが、次の作品の成功につながっていくのです。人のことを思いやりながら、仲間とのコミュニケーションを楽しめることが、魅力的な作品を生み出すアニメプロデューサーに必要な素質ではないかと、谷口さんとお話ししていて思いました。

（萩原）

教えて！桑野先生

アニメ

映画の著作者、著作物の二次利用

著作権法ではアニメも**映画の著作物**ですので、映画の著作者、著作権者のことが本文中にも出てきますが、映画の章やテレビの章でも説明しましたので、ここでは別の話をします。

『THE ORIGIN』は最初に映画館で上映されましたが、アニメに限らず、映画館での上映だけで映画製作者が負担した製作費がまかなえることはあまりありません。映画館での上映の次にどういう方法で利益を出すかが大事になってきます。お金のことを書くと印象が悪いかもしれませんが、製作にお金がかかる作品では、ちゃんと利益が出るしくみがないと製作費を出してくれる人がいなくなってしまい、作品の創作が低迷してしまいます。

谷口さんによると、サンライズでは製作した作品について、①DVDやブルーレイなどのパッケージの販売《はんばい》、②動画配信サービスを使った配信、③プラモデルの監《かん》修《しゅう》などに加えて、さらに④海外への販売も行っているようです。

『THE ORIGIN』で最初に予定されていた映画館での上映のような利用を**一次利用**、その次のさまざまな展開を**二次利用**とも言いますが、二次利用で利益を出すためには**映画製作者**としてもっている著作権が必須《ひっす》です。著作権に基《もと》づき、パッケージの製作・販売の許可や配信の許可をし、その対価を得るというしくみになっているわけです。映画製作者として製作委員会という言葉が出てきました。みなさんも映画を見るときに「〇〇製作委員会」と書かれているのを見たことがあるかもしれませんね。これは、複数の会社がお金を出し合って作ったグループのようなもので、製作委員会を作った場合はメンバー全員が映画製作者となり、著作権も全員でもつことになります。

また、アニメの二次利用ではグッズなどの商品もありますから、キャラクターの章で紹介《しょうかい》した商標権も押《お》さえておくことになります。

アニメの二次利用はみなさんにも身近なことだと思いますが、このようにいろいろな知的財産権を駆使《くし》しながら行われていることがわかりますね。

9 ゲーム

「アイディアのかたまり」に特許権を

株式会社
コナミデジタルエンタテインメント
（モバイルゲーム「実況《じっきょう》パワフルプロ野球」）

お話をうかがった谷渕《たにぶち》さん

PlayStation《プレイステーション》やNintendo《ニンテンドー》 Switch《スイッチ》などの機器を使って自宅などで楽しむ「家庭用ゲーム」、ゲームセンターで本格的にプレイする「アーケードゲーム」、スマートフォンで遊ぶ「モバイルゲーム」など、私たちの身近にはさまざまなゲームがあります。そして、時代の移り変わりとともに、プレイヤーの楽しみ方は変化し続けています。このようなゲーム業界で活躍《かつやく》し続けている企業《きぎょう》の代表がＫＯＮＡＭＩ《コナミ》です。

同社は１９６９年に創業し、家庭用ゲーム機器の元祖とも言えるファミリーコンピュータが登場する１９８３年よりも前の１９７３年から、アミューズメント機器の製造を開始するなど、長くゲーム開発に携《たずさ》わってきた企業で、ゲーム業界をリードし続けてきました。多くの人に愛されるゲームはどのように作られるのでしょうか。「実況《じっきょう》パワフルプロ野球」シリーズをはじめ同社の野球ゲームに携わっている株式会社コナミデジタルエンタテインメントのエグゼクティブディレクター、谷渕《たにぶち》弘《ひろし》さんにお話をうかがいました。

新しいゲームができるまでの道のり

新しいゲームが完成するまでには、どのような道のりがあるのでしょうか。

KONAMIの代表的なゲームタイトルをみると、家庭用ゲームではサッカーゲームの「ウイニングイレブン」、アーケードゲームではいわゆる音ゲー★01の代表格「BEMANI《ビーマニ》」シリーズなど、さまざまな人気のタイトルがあります。これらのゲームの中でも「実況パワフルプロ野球」は、1994年にスーパーファミコン用ソフトとして生まれ、その後スマートフォン用のゲームとしても登場するなど、四半世紀にわたり愛されている野球ゲームです。キャラクターの個性やそのときの調子などをふまえた投手・打者のかけひき、自分でオリジナルの選手を育成する「サクセス」モードなどさまざまな魅力《みりょく》があり、根強いファンが多いゲームとなってい

★01　音楽ゲームのこと。音楽に合わせてプレイヤーがコントローラーを操作したり、ステップをふんだりすることで進行するタイプのゲーム。

ます。ここでは、２０１４年から配信されているスマートフォン用の野球ゲームである「実況パワフルプロ野球」（以下、パワプロアプリ）に着目し、新しいゲームのアイディア段階からリリースされるまでの道のりを、谷渕さんに教えていただきました。

ＫＯＮＡＭＩでは、面白《おもしろ》そうなゲームのアイディアがあれば、誰《だれ》でも提案することができるしくみになっており、そのアイディアは「**骨**《こっ》**子**《し》」という資料で表現されます。骨子には、ゲームの新しさやビジネスとして成立するか、といった内容がまとめられ、これをもとに社内で意見交換《いけんこうかん》が行われます。「パワプロアプリ」が登場する前は、家庭用ゲームと同じ水準の高品質なゲームアプリをリリースするということは、ほかにあまり例がありませんでした。ほかに例がないならば、そもそも市場に受け入れられるのか、実現が可能なのかを検証する必要があります。そこで、「パワプロアプリ」では、家庭用ゲーム版の「実況パワフルプロ野球２０１３」がユーザーにどのように遊ばれたのか

ゲームができるまでの流れ

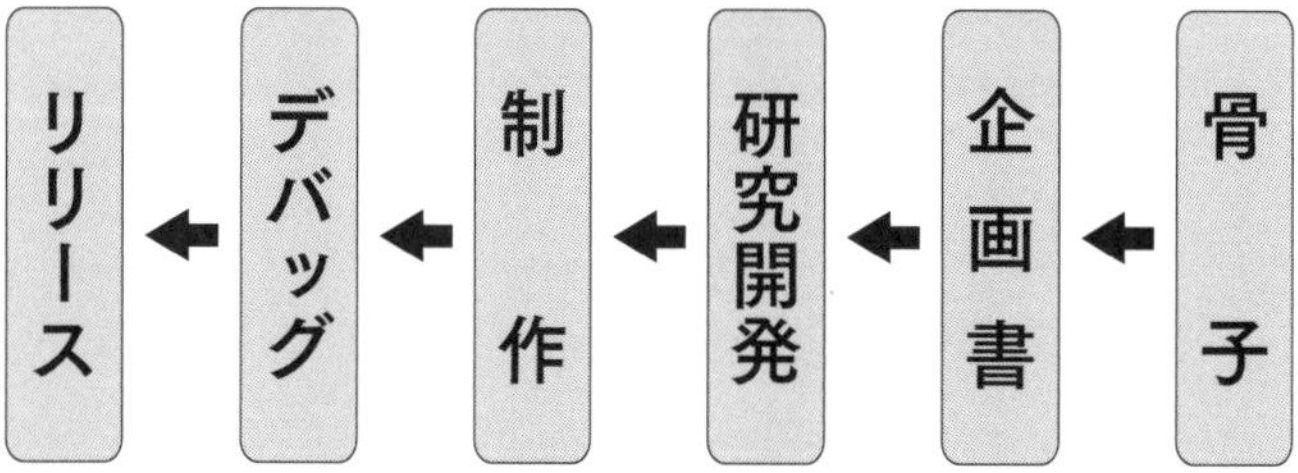

というデータを参考にゲーム作りを行ったそうです。

このような検証を経て、ゲームとして成立しそうならば、次に「**企画書**《きかくしょ》」を作成します。企画書では、骨子に加えて、ゲームの大まかな枠組《わくぐ》みを書類に整理します。「パワプロアプリ」でいうならば「サクセス」（選手を育成するモード）や「スタジアム」（ほかのプレイヤーのチームとの対戦）など、骨子に記載《きさい》した内容に加えて、ゲームの主要な設定が記載された資料になります。

企画書が社内で通ると、「**研究開発**」に入ります。ここでは、ディレクター★02やプランナー★03、デザイナー★04、プログラマー★05などが参加する少人数のチームによって、数カ月の期間をかけて、ゲームの「核《かく》」となる「試作品」を作ります。作られた試作品を確認《かくにん》することは「プロトタイプレビュー」と呼ばれ、チーム内はもちろんのこと、同じ部署内であってもチームに入っていないメンバーなどからも意見を得ます。プロトタイプレビューに合格すれば実際にゲームを作る「**制作**」に入りますが、不合格ならば試作品を作り直します。もし、試作をくりかえしても不合格が続く場合は、ゲームの企画自体がボツになってしまうこともあるようです。

次の段階である「**制作**」では、まず、研究開発チームのプランナーによって★06「仕様書」

★02　ゲーム開発の現場監督《かんとく》。

★03　ゲームを企画する人。

★04　ゲームのグラフィックデザインなどを行う人。

★05　企画内容に合わせてゲームが動くようプログラムを組む人。

★06　時にはディレクターやほかのスタッフも加わることがあります。

が作成されます。仕様書とは、ゲームの内容やしくみなどすべてを網羅《もうら》した設計図です。この仕様書をもとにゲームが作られるのですが、制作に参加するスタッフは全体で数百人規模になります。この中には、プログラマー、デザイナー、キャラクターや背景を描《えが》くイラストレーター、ゲームのシナリオを作成するシナリオライター、ゲームの音楽や実況・効果音などを作る音声担当など、ゲームに必要なさまざまな人がふくまれます。このように大人数がかかわるプロジェクトのため、制作においては、「核」となる部分がぶれないように、定期的にチェックしながら進めていくことが重要であるようです。

また、制作においては、一からゲームを作るとなると、非常に時間やお金がかかるため、KONAMIでは「**エンジン**」と呼ばれる野球ゲームの基礎《きそ》部分を集めたしくみを作っています。エンジンには、野球ゲームにかんするKONAMIのノウハウがつめこまれており、「パワプロアプリ」のほか、「プロ野球スピリッツ」などにも応用されています。長年の開発努力の結晶《けっしょう》であるこのエンジンを、谷渕さんは「「うなぎのたれ」のようなもの」だと言います。会社の宝というわけですね。

モバイル版「実況パワフルプロ野球」

さて、「制作」に続くのが「**デバッグ**」という作業になるのですが、これはとても重要です。「デバッグ」とは、ゲームがうまく動かない原因（バグ）を探し、それを取り除く作業のことを言います。「パワプロアプリ」の場合には、「α《アルファ》テスト」と呼ばれる社内でのデバッグを終えたのちに、「オープンβ《ベータ》テスト」と呼ばれるデバッグも行いました。オープンβテストとは、何千人もの一般《いっぱん》ユーザーを集めて行うデバッグで、登録すれば誰でも参加できます。これによって、サーバーへの負荷《ふか》などもふくめた総合的なテストを行います。また、テストに参加したユーザーからのレポートや、一部のユーザーを集め具体的に話し合ってもらう「フォーカステスト」などを通して、ユーザーの生の声も集めていきます。単にバグを取り除くだけではなく、ユーザーの生の声から、より楽しんでもらえるゲームになるよう、改良に改良を加えていくのがこの工程なのです。

デバッグを経て、ついに「**リリース**」となります。制作からリリースまでの間はエンジンなどのノウハウを使ってもおおよそ1年間はかかるようです。ただ、スマートフォン用のゲームはリリースして「終わり」ではなく、リリースが「始まり」だと言われており、リリース後も、季節に合わせたゲーム内イベントやキャンペーンなどが行われたりします。このしくみは「パワプロアプリ」でも同様です。「パワプロアプリ」の場合には、選手を育成する「サクセス」のシナリオだけでも23（2019年7月現在）もあり、常に新しいシナリオがリリースされています。新しいシナリオはいくつかの企画が並行《へいこう》しながら作成され、半年以上も前から準備されるものもあるそうです。

ゲームを作ることの「やりがい」とは

ゲームを「する」ことの楽しさを私たちは知っていますが、これまでみてきたようにゲームを「作る」ことには多くの人が参加していて、とても大変そうですよね。そんなゲーム作りのやりがいとは、どのようなものなのでしょうか。

谷渕さんは「新しい遊び方や新しい技術を、エンタテインメントによって世界中の子どもたちに届けること」がゲーム作りのやりがいだと言います。

「新しい遊び方」とは、実際にユーザーが遊ぶことで、ゲームの楽しみ方自体が

「サクセス」シナリオの一つ、「恵比留《エビル》高校」。

変わってくるということです。たとえば「パワプロアプリ」の場合には、ユーザー同士がフレンド登録されることによって、新しいつながりが生まれています。そうした状況はツイッターなどのＳＮＳでもみられ、特に新しいシナリオなどをリリースしたタイミングには多くの反応があるそうです。「常にユーザーの手の中にあるスマートフォンにさまざまなサービスやニュースを届けることで、私たちとユーザーがつながっていくことや、ユーザー同士が情報交換してつながっていくところに一つの面白さがある」と、谷渕さんは言います。

そして「新しい技術」とは、技術が進歩することで、ゲームに新しい遊び方を加えたり、作り方自体を変えたりできるようになることです。「実況パワフルプロ野球」が最初に登場した１９９４年当時は、今のようにスマートフォンもなければ、インターネットも一般的ではありませんでした。それが今ではＳＮＳなどを介《かい》してユーザー同士のやりとりもあるゲームに進化しています。さらに新しいところでは、ＶＲ★07・ＡＲ★08と呼ばれる技術の登場によって、ＶＲヘッドセットを使ってゲームをすることも可能になりました（家庭用ゲーム版「実況パワフルプロ野球２０１８」）。これらは技術の進歩をゲームに取り入れていった結果だと言えそうです。また、かつ

★07
バーチャル・リアリティ（仮想現実）の略。理工学的な技術を使ってユーザーの五感を刺《し》激《げき》することで、周囲をとりまく現実の環境《かんきょう》を仮想の環境にさしかえる技術。

★08
オーグメンテッド・リアリティ（拡張現実）の略。コンピューターを使って、人が知覚している現実の環境の一部を拡張する技術。ＶＲの一種。

ては早くても1年おきだったソフトの更新《こうしん》が、インターネット技術の進歩により、現在ではオンラインでいつでも行うことが可能になっています。つまり、ユーザーは新しい技術をゲームから常に感じることができるわけです。これはゲームの作り手としても、一つのやりがいになりそうですね。

新しい「アイディアのかたまり」であるゲーム

「新しい遊び方」や「新しい技術」にたいするアンテナを敏感《びんかん》にして、さまざまなアイディアが得られたら、それらをゲームで具体化していく必要があります。谷渕さんは、ゲームには「新しさ」がとても大切だと言います。「仮に新しさがなかったら、世の中へのインパクトは2〜3割減ってしまうだろう」ということでした。そういえば、ゲーム作りの第一歩である「骨子」の段階から、「新しさ」については社内で議論していましたね。では、「新しさ」とは具体的に何を指しているのでしょうか。

「パワプロアプリ」でみると、家庭用ゲーム版の「実況パワフルプロ野球」とは異なるスマートフォン特有のアイディアが多く盛りこまれています。たとえば、ゲームのメニュー選択《せんたく》画面や選手交代の画面の場合、家庭用ゲームならばコントローラーのボタンを押《お》して選択しますが、スマートフォンにはボタンがありません。そのため、画面にふれた状態で指をすべらせるスワイプやタッチといった、スマートフォン特有の機能を活《い》かした操作方法への変更が必要となりました。また、家庭用のゲームソフトをスマートフォン用のゲームに応用することで、野球ゲームの根幹にかかわる操作方法にも大きな影響《えいきょう》が出てきます。特に、バッティングについては大きく変更する必要がありました。これまで家庭用の「実況パワフルプロ野球」では、「ミートカーソル」と呼ばれるカーソルをボールに合わせて、タイミングよくコントローラーボタンを「押す」ことでバッティングしていました。ところがくりかえしますが、スマートフォンにはボタンがありません。タイミングに合わせてタップ★09するものなどさまざまな検討が重ねられましたが、最終的には、スマートフォンの画面をタッチ&ドラッグするとカーソルが動き、画面から指をはなすとキャラクターがバットを振《ふ》るという方法が採用されました。これまでのボタンを「押す」方法から「はなす」方法へと大きく変更されましたが、「いろいろ試《ため》している中で、一番「しっくり」きた」と谷渕さんはにこやかに言いました。そして、実はこの技術、

★09　液晶《えきしょう》画面をつつく動作。

「特許」も取得しているのです。こうした一つひとつの新しいアイディアの積み重ねによってゲームが作り上げられているのですね。つまり、ゲームは「アイディアのかたまり」と言えそうです。

特許とゲームの関係性

それでは、ゲームにおいて特許とはどのようなものでしょうか。特許とは、「発明」の保護と利用のためにあるもので、「特許法」という法律で定められています。これまで紹介《しょうかい》してきたゲームの制作過程で生み出された「新しいアイディア」や「新しい技術」が「発明」になります。こうした発明を生み出すためには、試行錯誤《しこうさくご》をくりかえすことがあり、多くの時間と労力が費やされることもあります。そして、苦労して考え出された発明は、会社にとっての財産となります。この発明を保護するのが特許の役割です。

「パワプロアプリ」のバッティング画面。

特許により、ほかの会社にアイディアを盗《ぬす》まれることを防止することができるのです。「良いアイディアはどんどんマネできたほうが、面白いゲームができるのに」と思う人もいるかもしれませんが、マネが制限なくできてしまうと、多くの時間と労力を費やしてまで、ほかより先に新しい発明を考え出そうとは、誰も思わなくなってしまいます。つまり、ゲーム業界全体の衰退《すいたい》にもつながってしまうのですね。

特許を取得する場合は、発明について特許庁に特許出願して、その発明が「新しいかどうか（新規性）」「容易に考え出すことができないか（進歩性）」といった審査《しんさ》を経て、特許として認められる必要があります。この「**特許権**」を取得した発明は、出願した日から計算して最大で20年間の保護を受けることができます。

自分が考えたアイディアが新しいものかどうかは、誰でも調べることができます。特許情報プラットフォーム J-Plat Pat《ジェイ　プラット　パット》と呼ばれるウェブサイトで検索《けんさく》すれば、似たようなアイディアが出願されていないかどうかを確認することができます。ただし、特許出願してから1年6カ月の間は、その特許出願の内容は秘密状態となっていて検索できないので注意が必要です。すでに似たようなアイディアが出願されていたり、出願されていなくてもほかのゲームですでに採用されていたりした場合、つまり、そのアイディアに新規性や進歩性がない場合には、特許出願しても特許として認められないので、事前に調べることが大切です。

もし先に誰かが特許を取得していたら、その特許を持っている権利者（会社や個人）から使用することの許諾《きょだく》を受けない限り、その発明を使用することができません。許諾が得られない場合には、自分たちで新しいアイディアを考える必要がありますが、そうすることで、よりインパクトのあるアイディアが出てくる可能性もありますよね。谷渕さんは「特許は、自分の会社のアイディアを保護するだけのものではない」とも言います。特許は、新しい技術の開発やひいてはゲーム業界全体の成長にも貢献《こうけん》していそうですね。

ＫＯＮＡＭＩでは、ゲームクリエイターの間でも特許の意識が高く、谷渕さんによると、「自分が考えた新しいアイディアが、特許取得が可能か、またはほかの会社が特許取得をしていないかどうかを常に考えている」そうです。

また、ＫＯＮＡＭＩでは、「面白いゲームを作るための試行錯誤が特許取得につながっていく」という考えが社内に浸透《しんとう》しています。そのため、ゲーム制作のチームは知的財産の担当者に打ち合わせに参加してもらったりして、特許取得が可能かどうかを確認しながらゲームを作っているそうです。それほど、ゲーム会社にとって、特許は重要なものになっているのですね。

特許情報プラットフォーム「J-Plat Pat」
https://www.j-platpat.inpit.go.jp/web/all/top/BTmTopPage

ゲームを作る人になるには

では、ゲームを作る人になるためには、何が大切なのでしょう。若いころから準備できることってあるのでしょうか。

谷渕さんは、「ゲームは人を喜ばせるためのもの。だからこそ、自分自身がいろいろな「楽しいもの」にふれておくことが大切。それは、ゲームだけでなく、映画やテレビ、ドラマ、演劇などもふくみます」と言います。そして、「ふれるだけでなく、自ら作り出していく体験、つまり「ものづくり」に携わることが大切」と続けました。

谷渕さんは子どものころから「ものづくり」が好きで、粘土《ねんど》で作ったパチンコのようなゲームに友達が行列したのが最も古い「ものづくり」の思い出だそうです。その後、小学校ではゲームのアイディアコンテストに参加したり、新しい掃除《そうじ》道具を作ったりしたほか、上級の学校に進んだ後も、コンピューターゲームを作ったり、学校の外でお芝居《しばい》の脚本《きゃくほん》を書いたりと、さまざまな「ものづくり」に携わっていたそうです。こうした経験の積み重ねが、いまの「実況パワフルプロ野球」の面白さの源泉になっていそうですね。

また、勉強については、ゲームをプログラムする上では数学や物理への理解、シナリオを書く上では文章力、国語の力が求められるとのこと。そして、ものづくりに携わる上では、「チームワーク」と「勉強」も大切だと谷渕さんは言います。これまで書いてきたとおり、一人でゲームを作るのはとても大変です。プログラマー、プランナー、デザイナー、サウンド担当など、さまざまな人と協力しながら仕事をすることができないと、ゲームを作り上げることはできないからです。

谷渕さんのお話を聞いてきて、みんなを楽しませているゲームは、社内のしっかりした体制やしくみによって作られていて、それこそが新しいアイディアを生み出していく原動力になっていると思いました。特許は、こうした新しいアイディアを

「保護する」だけではなく、「生み出す」きっかけとしても、大きい役割を担っていそうですね。

（萩原）

ゲーム

特許権

ゲームソフトは著作権法では**プログラムの著作物**、そして画面に表示される映像は**映画の著作物**と考えられています。そしてプログラムという点では**特許権**も成立しています。いろいろな知的財産が合体したもの、それがゲームです。

特許というととても難しいもののように思われるかもしれませんが、実はみなさんの身近なところにたくさんあります。みなさんが使っているスマートフォン、タブレット、電車に乗るときに使う自動改札機などにも特許権があります。まさにみなさんは特許権に囲まれて生活をしているのです。

特許や**発明**についての説明は本文に出てきます。特許権で保護される発明の中には、できあがったものを目にすると、誰《だれ》でも思いつくような、簡単なアイディアだと感じるものも少なくありません。でも、「実況《じっきょう》パワフルプロ野球」のバッティングの方法の特許の話にもあるように、発明に至るまでにはさまざまな試行錯誤《しこうさくご》や苦労が重ねられています。そうしてできあがった発明を勝手に使われてしまっては、試行錯誤や苦労が報《むく》われません。そこで、発明を無断で使うことを禁止できる特許権が必要になるわけです。

特許権は特許庁に**登録**をすることで権利が認められます。同じ発明について複数の人が登録手続をした場合は、先に手続を始める出願をした人が優先されます。こう書くと発明をしたら大急ぎで出願をするものだと思うかもしれません。でも特許権は出願をしてから20年で権利がなくなってしまいます。また特許庁に登録された発明の内容は特許公報という文書に掲載《けいさい》され、ネット上でも公表されます。この公表という制度は、登録されている特許権を侵害《しんがい》しないよう注意喚起《ちゅういかんき》をすること、また登録されている発明をヒントにして新しい発明が生まれるきっかけをあたえることに意味があります。でも公表された発明は、20年たったら誰でも使えることになります。これを避《さ》けるため、あえて登録をしない場合もあります。ほかの人にはとても思いつかないような発明なら隠《かく》しておいたほうが得だというわけです。みなさんが遊んでいるゲームにも登録されていない発明が隠れているかもしれませんね。

10 伝統工芸

世界が注目する「西陣織《にしじんおり》」ブランド

株式会社 細《ほそ》尾《お》（西《にし》陣《じん》織《おり》）

日本が世界に誇《ほこ》る伝統工芸。その代表格といえるのが京都の「西陣織《にしじんおり》」です。西陣織とは京都で生産される**先染《さきぞめ》**★01**の紋織物《もんおりもの》**★02のことで、1200年前からその歴史を重ねる、非常に貴重な伝統工芸です。受け継《つ》がれてきたその伝統技術は、主に着物や帯に使用されますが、ここでは西陣織を**海外向けの「ラグジュアリーテキスタイル」**として積極的に展開する、株式会社細尾《ほそお》の12代目・細尾真孝《ほそおまさたか》さんにお話をうかがいました。

お話をうかがった細尾《ほそお》さん

★01 布を織る前に糸を染色すること。

★02 さまざまな織り方や色糸を使って文様を織り出した織物のこと。

アーティストの世界から伝統工芸の世界へ

株式会社細尾は、元禄《げんろく》元年（1688年）に京都西陣において大寺院御用達《ごようたし》の織《おり》屋《や》として創業し、その後、1923年に細尾徳次郎《ほそおとくじろう》さんによって帯・着物の卸売業《おろしうりぎょう》を始めました。そんな歴史ある家に生まれた真孝さんは、当初、着物は身近にあったもののどちらかと言うと**保守的なイメージ**があり、大人になったらもっとクリエイティブな仕事がしたいと思ったと言います。

中学生の時にエレキギターに目覚めた真孝さんは、大学を卒業後、ずっと携《たずさ》わってきた「音楽」に、「アート」や「デザイン」を加えた独自のファッションブランドを立ち上げます。このブランドでは生地にこだわり、才能あるさまざまな人たちから学んだ服作りを実践《じっせん》していたため、お客さんからの評判はよく、多くの注文を受けたそうです。しかし、ものづくりへのこだわりが強いあまり、どうしても原価★03が高くなってしまい、ビジネスとしての成功には結びつきませんでした。このため、ブランドは2年ほどで解散せざるを得なくなってしまいます。

こうした自身の経験から、会社の経営には製品の質だけではなく、経営全体のマネジメント★04が重要であることを身をもって学んだ真孝さんは、その後、規模の大きなジュエリー会社に入社しました。そこでは生産管理を担当し、ものづくりに加えて、ビジネスに必要なノウハウやマネジメントを学ぶことができました。

★03 商品を作るためにかかった金額。

★04 目標に向かって会社を管理・運営すること。

有名建築家の目にとまった「西陣織」

そんなジュエリー業界で働いていた真孝さんに、ある日、一つの転機が訪《おとず》れます。実家の細尾がパリで開催《かいさい》される国際見本市★05「メゾン・エ・オブジェ★06」に出展することが決まったのです。日本のジュエリーブランドがなかなか海外で成功しない中で、日本発祥《はっしょう》の西陣織ならば「フランスのグローバルブランドのように成長できるのではないか」と考え、かつては後ろ向きに考えていた実家の家業を継ぐことを決めました。

そうして真孝さんは、「**西陣織を海外へ広める**」という目標をもって、2008年10月に家業に戻《もど》ります。しかし当時の細尾には海外を専門とする部署や担当者が設置されておらず、ほかの担当者が片手間で海外事業を進めるなど、十分な体制とは言えませんでした。人不足のうえ、手間も経費もかかるため、社内では「国際見本市への出展はもうやめよう」という話も出ていたそうです。そこで真孝さんは会社に「1年間、海外事業を担当させてほしい」と提案し、現状の海外向けビジネスを一から見直すことを始めました。

★05
企業《きぎょう》が商品見本を展示して商談を行うためのイベント。期間限定で毎年行われる場合が多いです。

★06
フランス・パリで毎年開かれる世界最高峰《さいこうほう》のインテリアの見本市。

たとえば、それまでの細尾では、商品を見せるときに、「西陣織とはどういうものか」ということを英語できちんと説明できるツールや、ロゴなどブランドPRのためのツールを用意していなかったため、海外の人が商品や会社のことを十分に理解できない状態でした。国内では知られた伝統工芸であっても、海外に出るとその知名度はまったく通用しません。「**自社製品は品質はよいけれども、ブランディング★07がまったくできていない**」と感じた真孝さんは、海外にもっと西陣織を知ってもらおうと、グローバルに対応するために必要なツールを作成し、ベテランの職人とともに海外向けの営業活動を始めました。

　海外の人は着物を着ないため、最初は、西陣織の和柄《わがら》クッションを目玉商品として「メゾン・エ・オブジェ」のほか、「アンビエンテ★08」、「ミラノサローネ★09」などの国際見本市に参加しました。その中で、特に現在の細尾のビジネスに大きな影響《えいきょう》をあたえたのが、パリの「ルーブル装飾《そうしょく》美術館」です。この展覧会はフランスと日本の交流150周年の展覧会で、本業の帯を出品したところ大きな反響がありました。

　そこで次にニューヨークでも出展したところ、「クリスチャン・ディオール」や「シャネル」の店舗《てんぽ》デザインを手がけるアメリカの建築家ピーター・マリノさんの目に

★07 会社や商品の特性の認《にん》知度《ちど》を高めることで、市場でのブランド性を形作ること。

★08 ドイツ・フランクフルトで毎年開かれる世界最大の消費財見本市。

★09 イタリア・ミラノで毎年開かれる家具見本市。

とまり、帯でもクッションでもなく、**西陣織の「生地そのもの」がほしい**という注文が入ったのです。店内の壁紙《かべがみ》や椅子《いす》の張り地として使いたいとのことでした。

そしてこの注文は、真孝さんに新しい気づきをあたえました。これまで真孝さんは、海外のお客さんの関心をひきつけるのは、西陣織の「柄」だと思っていました。しかし実際に海外の人の目をひいたのは、帯に使われている「引箔《ひきはく》」★10という素材や、太い糸・細い糸・平たい糸を織り分ける西陣織独自の織り方であることに気がついたのです。

ただ、この注文によって、大きな課題にも直面しました。通常、西陣織は帯の幅《はば》に合わせて織機《しょっき》★11が作られているため、織機の幅が一般的《いっぱんてき》な帯用の30~35㎝幅、もしくは丸帯用の70㎝幅のどちらかしかありません。一方、マリノさんの要求は150㎝の生地でした。丸帯用の70㎝幅の織機でも、せっかくの西陣織に継ぎ目ができてしまいます。そこで、世界のテキスタイルの標準幅である**150㎝の幅で西陣織を織れる織機を開発する**ことにしました。伝統工芸を支える織機を修理できる人はすでに限られている中で、前例のない150㎝の織機を作ることは困難を極《きわ》めましたが、1年がかりでなんとか完成させることができました。これを皮切りに、世界

★10 金や銀をうすくのばし和紙にはってから、糸のように細く裁断したもの。

★11 糸を織物へと織りあげる機械のこと。機《はた》とも言います。

１００都市にあるクリスチャン・ディオールの店内壁面《へきめん》に細尾のテキスタイルが使われるようになったのです。その後、「シャネル」や「ルイ・ヴィトン」、「エルメス」、「ブルガリ」などの海外ブランドからもオーダーをもらうようになり、国内ブランドでも、真珠宝飾《しんじゅほうしょく》の「MIKIMOTO《ミキモト》」やカメラの「ライカ」などの店内インテリアに使われるようになりました。また、「ザ・リッツ・カールトン」、「フォーシーズンズ」といったラグジュアリーホテルでもヘッドボードや室内装飾に使われるなど、幅広いブランドから支持されていきました。

　こうしてテキスタイルとしての利用が広がる中で、細尾の生地は、本来の用《よう》途《と》であるファッションにも取り入れられるようになりました。デザイナーのミハラヤスヒロさんとのコラボレーションによって、スーツやダウンジャケットの生地に使用されたのをはじめ、「コム・デ・ギャルソン」、「トム・ブラウン」などのトップブランドからも注文が来るようになり、**ファッションショーのランウェイ**[★12]に、細尾の西陣織が用いられた服が登場することも増えていきました。

　こうして受注が増えたことで、１５０㎝幅の織機は現在６台にまで

ザ・リッツ・カールトンの室内装飾に。

ミハラヤスヒロさんとのコラボレーション。

増え、職人も3人から10人にまで増えたそうです。こうして、真孝さんが担当する海外事業部は、会社を支える新たな柱となりました。

芸術や科学技術とのコラボレーション

細尾の西陣織は、芸術の世界でも注目を集めています。２０１４年にはニューヨークのアーティスト、テレジータ・フェルナンデスさんとのコラボレーションにて、「Nishijin《ニシジン》 Sky《スカイ》」を発表しました。彼女《かのじょ》は「見ること」によって生まれる心象を表現しているアーティストで、作品のコンセプトに合わせて、裏から見ると透《す》けず、表からは透けて見える、マジックミラーのような機能をもつテキスタイルを独自の手法で作り上げました。

また、２０１５年には、主にコンピュータや映像を使った芸術であるメディアアートに力を入れる山口情報芸術センター（ＹＣＡＭ）において、韓国《かんこく》の著名なキュレーター（学芸員）であるムン・キョンウォン氏が「プロミス・パーク――未来のパターンへのイマジネーション」という展示を行い、その中で、コンピュータプロ

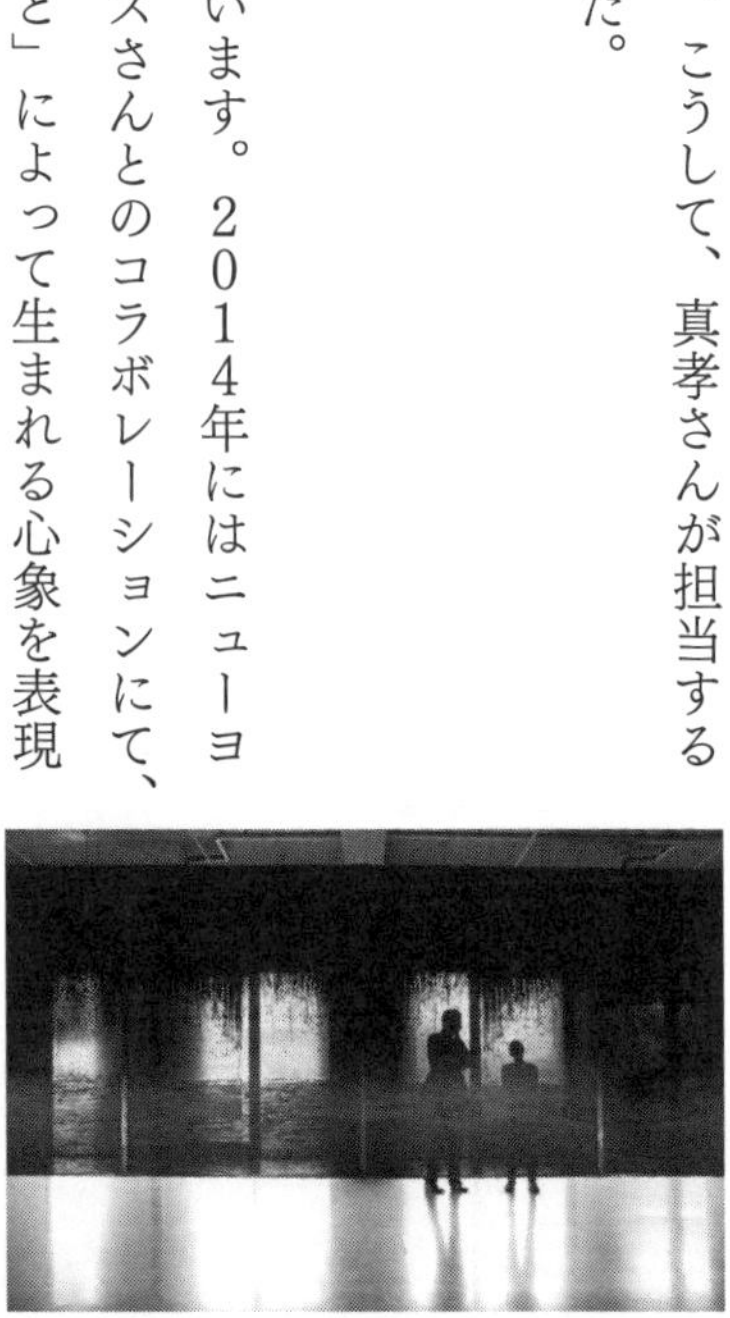
「Nishijin Sky」

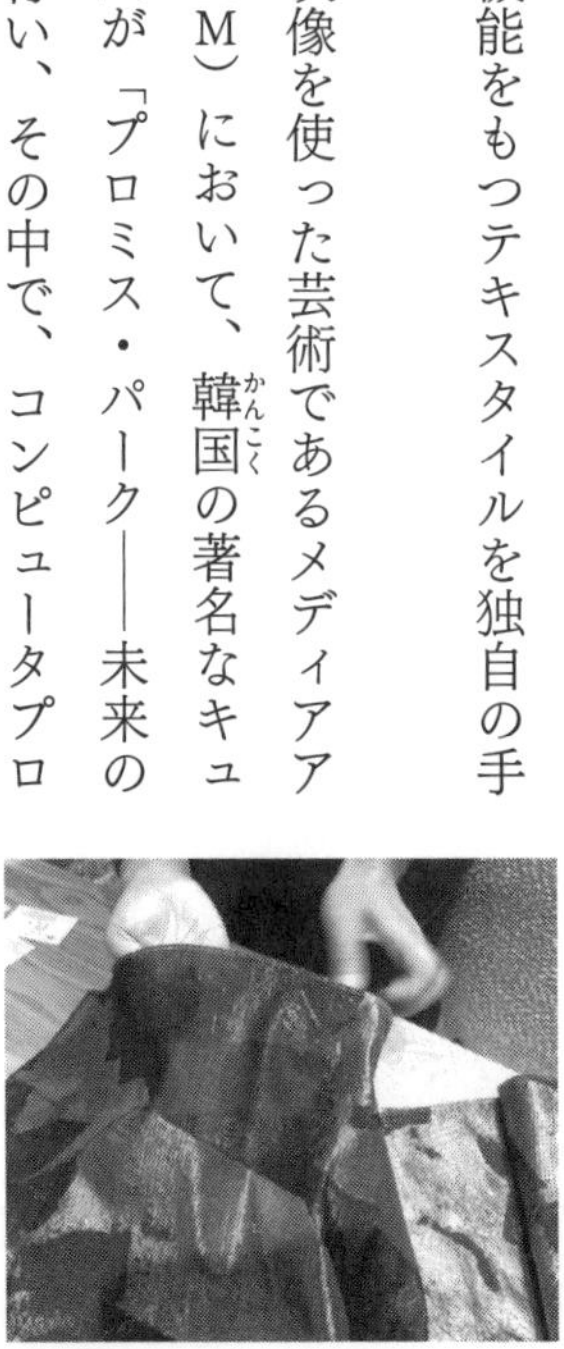
「Nishijin Sky」の素材。

グラムと西陣織の可能性を探《さぐ》る作品を発表しました。この作品は、長崎《ながさき》の無人島である「軍艦島《ぐんかんじま》」をドローン（無人航空機）で撮影《さつえい》したものをコンピュータに取りこみ、その柄を自動的に西陣織で織りあげるというプロジェクトでした。

いずれの作品も非常に斬新《ざんしん》ですが、アーティストとのコラボレーションは、これまでにないテキスタイルを作り出す技術やアイディアが必要なことから非常に苦労が多く、また、アーティストは具体的な製品のイメージよりも、感覚的な表現でクリエイションを高めていくことが多いため、彼《かれ》らのニーズに応えることは簡単ではありません。しかし、アーティストと協力して新しい布を追求することは、今までの自分たちの常識を超《こ》え、ほかのプロジェクトでも活用できるような新しいアイディアを生み出し、大きな飛躍《ひやく》へとつながっています。

そのほか細尾では、**最先端《さいせんたん》技術を使った生地の開発**にも力を注いでいます。たとえば、クラゲのＤＮＡを蚕に組みこむこと★13で青い光を当てると緑色に発光する生地や、周囲の温度により色合いが変化するテキスタイル、ふれることで映像や音響を操作するインターフェース★14として活用できる織物など、さまざまなプロジェクトに取り組む中で、新しい西陣織の可能性を切りひらいてきました。現在はＡＩ（人

★12 モデルたちが商品を身に着けて歩く舞台《ぶたい》。

★13 遺伝子組みかえ技術。

★14 マウスやタッチパネルなどのように、人間がコンピュータを操作するための機器。

ＹＣＡＭでの展示風景。

工知能）を使い、織物そのものをコンピュータ化していく実験なども行われており、今後の西陣織の可能性はますます広がっていきそうです。

ブランドの保護としての商標

さて、ここで改めて、商標について復習しましょう。**商標とは、商品やサービスのブランド名を保護する制度**です。この本の冒頭《ぼうとう》で紹介《しょうかい》したコンビニの肉まんを例にあげると、「セブン－イレブン」や「LAWSON《ローソン》」もそうですし、肉まんならば「中村屋」などもふくまれます。この本を出版している晶文社《しょうぶんしゃ》のサイのマークも商標登録されています。ここで紹介した細尾では、海外市場向けに作成した下のマークが商標登録されています。

ブランドの名称《めいしょう》は著作権では保護されないので、特許庁に出願を行い、審査《しんさ》を経て、商標登録をする必要があります。また、**著作権の保護期間が死後70年**であるのにたいして、商標の保護期間は登録してから10年です。しかし、くりかえし更新《こうしん》することができるため、更新費用さえ用意できれば、永遠に商標として登録し続けること

商標登録されている「HOSOO」のマーク。

ができます。さらに、特許や意匠《いしょう》は、出願より前に世の中に知られてしまう（「公《こう》知《ち》」と言います）と特許庁に登録することができませんが、商標にはそのような制限がありません。そのため、細尾のような歴史ある企業《きぎょう》でも、申請《しんせい》が可能です。

商標には、いくつかの種類があります。たとえば「神戸牛《こうべぎゅう》」などのように、地域名と商品名あるいはサービスの名前のみで構成されているブランド名は、地域に根差した団体以外は商標として登録することができません。産地にかかわらず「神戸牛」を名乗ることができたら、多くの牛肉ビジネスに影響が出てしまうからです。こうした商標を、**地域団体商標《ちいきだんたいしょうひょう》**★15と言います。

細尾が海外事業を展開していく中で、ほかの伝統工芸ブランドの偽物《にせもの》が多く出回り始めました。こうした偽物ブランドに対抗《たいこう》するため、地元の西陣織工業組合★16では、「西陣」「西陣織」を商標として登録しているほか、「西陣御召《にしじんおめし》」「西陣金襴《にしじんきんらん》」「西陣《にしじん》爪掻本綴織《つめかきほんつづれおり》」を地域団体商標として登録しています。

細尾では、独自に日本で商標を登録するとともに、**マドリッド・プロトコル**★17という制度を活用して、テキスタイル発信のための独自プロジェクト「tangotango《タンゴタンゴ》」のマークなどを海外で商標登録しています。

★15　ほかに「草加せんべい」「九谷焼」「草津《くさつ》温泉《おんせん》」などがあります。

★16　西陣織の生産者と消費者に向け、さまざまなPR活動を行う団体。

★17　1989年に結ばれた国際条約。正式名は「標章の国際登録に関するマドリッド協定の議定書」。WIPO（世界知的所有権機関）から登録を受けることで、登録した商標が加盟国内で保護される制度。

海外のラグジュアリーマーケットで展開される細尾の商品は、デザイナーやアーティスト向けに作られた西陣織という「素材」であるため、現時点では、「HOSOO」のブランドをかたった偽物は見られないようです。ただし今後は、「一般のお客様にも手に取っていただけるような商品を展開していく」★18そうです。一般向けの商品となると、人の目にふれる機会が増えるがゆえに、そのブランド名が他社に勝手に用いられるリスクも増加します。

西陣織は、原料や織機の準備、図柄の考案、織りの作業、素材の裁断★19など、さまざまな工程が集まって成立しており、この分業によって、それぞれの職人の専門性と商品の質の高さが保たれています。細尾では現在、これらの工程の多くを社内で担《にな》えるような体制をとっており、多くの職人が西陣織の製作に携わっています。もし、細尾の名前を無断で使用した模倣品《もほうひん》が出回ってしまった場合、細尾だけでなく、携わる職人や西陣織そのもののイメージ低下につながってしまうのです。

地域団体商標、そして会社名である「細尾」を商標登録することは、**西陣織のブランドと細尾のブランドを模倣品から守る**上で、重要な意味をもっています。

また、会社を守り、発展させていくさいには、商標だけではなく取引先との契約《けいやく》

tangotango

海外で商標登録された「tangotango」のマーク。

★18 2019年9月に、初の旗艦店《きかんてん》「HOSOO FLAGSHIP STORE」を京都にオープンし、小売展開をスタートさせました。

★19 金箔や貝殻《かいがら》などを張り付けた和紙を、糸状に細かく切ること。

も重要です。海外ビジネスの場合は特に、日本での状況《じょうきょう》とは異なることが多いため、臨機応変かつ柔軟《じゅうなん》に対応していく必要があります。真孝さんはこれまで学んできた生産のマネジメントに加え、取引におけるリスク管理の知識も大切だと言います。

たとえば、取引において口約束で物事が進行することの多い海外の現場ですが、細尾では、注文があった場合にはその場で発注書を発行することや、入金を確認《かくにん》した後に製造を開始することによって、取引におけるリスクを管理しているそうです。

新しいものを生み出し続ける伝統工芸

古来、西洋の貴族は宝石を身にまとうことで美しさを追求してきましたが、日本の貴族である公家《くげ》や大名たちは、着物や帯に織りこむ素材にこだわることで美しさを表現してきました。そして、「彼らに満足してもらえるように、京都の職人は一つひとつの織物に、和紙、金、銀、貝殻《かいがら》を織りこむなどの工夫《くふう》を重ね、切磋琢磨《せっさたくま》してきた」と真孝さんは言います。

西陣織は少なくとも応仁《おうにん》の乱（1467年）以降から存在していたと言われます

金箔を織りこんだ糸。

が、大きな転機は150年ほど前にあります。明治の世を迎え、公家や大名たちは華族《かぞく》と呼ばれるようになったものの、都が東京に移ったことで、高価な西陣織は衰《すい》退《たい》の危機に追いこまれます。そこで京都府は、当時の若い職人たちをフランスのリヨンへ留学させ、発明家のジョゼフ・マリー・ジャカールさんが開発した「**ジャカード織機**」の技術を学ばせることにしました。このジャカード織機は、パンチカードに穴をあけ、その穴に縦糸が上がることで、カードのパターン通りの模様を織っていくというもので、**現在のコンピュータプログラミングの原型となるしくみ**★20でした。この技術を学んだ職人たちが西陣にジャカード織機とその技術を持ち帰り、帰国して数年後には、国産のジャカード織機を誕生させることになります。これによって、以前からある技術はそのままに、それまでの織機では織ることが不可能だった複雑な模様や量産が可能になったと言います。

　細尾の生み出す西陣織は、伝統的な和柄ではありませんが、1200年間「美」を追求してきた西陣の歴史にたいして尊敬の念をもち、現代のニーズに最新の技術で応えていくという姿勢は、かつて日本の貴族たちのニーズに応えてきた西陣の伝統を脈々と受け継いでいると言えそうです。

★20 この技術は、カードを入れ替えることで機械の操作パターンを簡単に変えられることから、その後、実際にコンピュータのプログラミングなどに応用されました。

真孝さんは言います。

「伝統産業はクリエイティブ産業★21で、会社にいる職人も、一緒《いっしょ》に仕事をするデザイナーやアーティストも、手段は違《ちが》うけれどもクリエイターです。そんな方々とクリエイティブなキャッチボールをすると、いろいろな発見があります」

こうした新しい取り組みを安心して続けていくためにも、商標の役割は大きいと言えそうです。これからも新しい西陣織の可能性に挑戦《ちょうせん》する「HOSOO」の活躍が楽しみですね。

（萩原）

★21 芸術、映画、ゲーム、ファッションデザイン、広告などの知的財産の生産にかかわる産業。

プラスアルファ
+α

香《かお》りと知財の素敵《すてき》な関係

「ミツコ」「No.5」「トレゾァ」など、この世には、時代、世代、そして国境を超《こ》える女性が永遠にあこがれる香《かお》りが存在します。また、世界の有名ファッション・コスメブランドが、定期的にブランドの顔となる香水《こうすい》を発売するように、香水はコスメの中でも特別な存在です。香りの専門家であるフレグランスアドバイザーのMAHO《まほ》さんは、香りと知財の素敵な関係を教えてくれます。

香水の作り方と著作権

女性も男性も魅了《みりょう》する香りができるまでには、**調香師**《ちょうこうし》と呼ばれる人たちの繊細《せんさい》で骨の折れる仕事があります。いろいろな花や樹木の香りを魔法《まほう》のように混ぜ合わせ

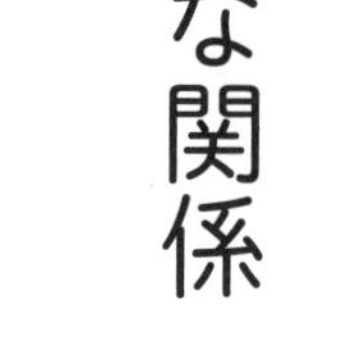

MAHO（まほ）
フレグランスメーカー勤務などを経て、500種類以上の香水と香料がそろう「プライベートトワレ」を運営。日本調香技術普及協会理事。

香りを作る彼《かれ》らは、芸術家、クリエイターなのです。また、香水は化粧品《けしょうひん》と同じように薬機法★01を守り作られる化学製品であるため、香りを作るブランドも調香師も法律を勉強し、環境《かんきょう》や安全性を守ることを心がけて仕事をしています。

そして今世界では、香水をめぐる「知財の権利」について注目が集まっています。きっかけは、「ランコム」というフランスのコスメブランドが、自社製品「トレゾァ」にそっくりの香水を作った会社を訴《うった》えたことでした。この裁判の中で、フランスの裁判所が**香りに著作権が存在**することを認めたのです。その後、この判決は破棄《はき》されましたが、香りを作るという仕事が「クリエーション」であることが、あらためて知られることになりました。著作権は創造的行為《こうい》の中に存在する権利ですからね。

しかし、香りが似ているからといって、すべての会社を訴えていては大変です。イタリアの有名ファッションブランドであるグッチは、「エンヴィ（envy＝妬《ねた》み）」という自社を代表する香水と似たような香りが世界中で売られていても、あえて文句は言いませんでした。いくら似ていても、それらの香水にはグッチがもつロゴ（商標）もブランドとしてのステータスもありませんし、香水の作り方がまったく同じとも言い切れません。グッチは、「一流は真似《まね》されるほど妬まれる」という洒落《しゃれ》た

★01　医薬品や化粧品の安全性を守るための法律。2014年に薬事法より改称《かいしょう》されました。

コメントを出し、**類似品《るいじひん》の存在を許した**のです。このように、権利を侵害《しんがい》されても知的財産権に頼らず、自分たちの創造力やブランド力をアピールする方法もあるのですね。

ボトルデザインと商品名にこめられた想《おも》い

ほかに香水にまつわる権利としてよく知られているのは、**意匠《いしょう》**（ボトルデザイン）と**商標**（商品名）です。たとえば、フランス語で「時の流れ」という意味をもつ、ニナ リッチの「レールデュタン」という香水のボトルは、ラリック★02という有名なガラス工芸家がデザインしました。キャップにあしらわれた2羽の鳩《はと》が「平和と愛」を表現し、シンプルながら絶妙《ぜつみょう》なバランスと称《しょう》されるフローラル調の香りと調和しています。第二次世界大戦後の１９４８年に作られ、こんにちも多くの人々に愛されるこの香水ですが、「戦争のない平和な「時の流れ」が永遠に続きますように」という制作者たちの願いが、商品名とボトルデザイン、そして香りにこめられているのです。意匠と商標とは、単純に商品を特定するための目印ではなく、商品がで

★02 マルク・ラリック。父親は、19~20世紀に活躍したガラス工芸家のルネ・ラリック。

「レールデュタン」

きた時代や過程、そしてそこに存在した人々の想《おも》いを表す創造物なのです。

日本では、明治時代に資生堂が日本初の洋風調剤《ちょうざい》薬局として香りのある商品の開発を始め、1917年には、「花椿《はなつばき》」という日本製香水の先《さき》駆《が》けとも言われる製品が誕生しました。

香水のボトルには、今でも日本人開発者の西洋へのあこがれを見ることができます。1990年代、日本の化粧品会社カネボウの社員が、訪《おとず》れたイタリア・ミラノの街の芸術に心打たれ、「ミラノコレクション」という商品プロジェクトをスタートさせました。ミラノ大聖堂の彫刻《ちょうこく》にヒントを得て、「芸術的な商品を作る」をコンセプトに毎年制作されるボトルと香りには、年ごとに変わるテーマがあり、それぞれに香水を愛するお客様へのリスペクト(敬意)がこめられています。2011年、東《ひがし》日《に》本《ほん》大《だい》震《しん》災《さい》が起こった年には、被《ひ》災《さい》者《しゃ》への気持ちから「絆《きずな》の天使」というテーマで作られました。一人の社員が異国の地から持ち帰った情熱は、何が起こっても美しい世の中であってほしいとの願いとともに、意匠、商標として受け継《つ》がれています。

(内田)

カネボウ オードパルファム〈ミラノコレクション 2011〉

教えて！桑野先生

伝統工芸

海外でも守られる知的財産権

西陣織《にしじんおり》という伝統工芸が日本だけでなく海外でも人気となっているという細尾《ほそお》さんのお話を聞くと、日本人として誇《ほこ》らしい気持ちになりますね。西陣織に限らず、この本で紹介《しょうかい》しているさまざまな作品は、海外にも届けられていますが、知的財産権は日本の法律によって、日本国内で認められているものです。では海外では権利が認められないのでしょうか。さまざまな分野で国内と海外の境目がなくなってきていますから、まったく権利が認められないのでは困りますね。来日して西陣織を目にした外国の人が、母国に帰ってからHOSOOというブランドを勝手に使って粗悪《そあく》な商品を作り出したらどうなるでしょう。西陣織の素晴らしさを知ってもらいたいのに、その国ではHOSOOというブランドには粗悪品としてのイメージが固まってしまうことになります。

そこで、日本は諸外国との間で、海外でも知的財産権が保護されるしくみを作っています。著作権については**ベルヌ条約**や**万国著作権条約**《ばんこくちょさくけんじょうやく》などに基《もと》づいて、外国でも同じように保護されることになっています。

西陣織については、商標権についての**マドリッド・プロトコル**が紹介されています。商標権は登録が必要ですが、世界中のそれぞれの国で登録手続をとるのは大変ですから、ＷＩＰＯという国際事務局に出願をすることで、指定したすべての国で保護を受けることができるようになります。特許権についても**特許協力条約**に基づいて、一回の手続ですべての加盟国に同時に出願したのと同じあつかいを受けることができます。

このように日本の知的財産権は海外でも保護されるしくみが用意されているわけです。もちろん、その一方で外国の知的財産権も日本国内で保護されることになります。この本に登場するのは日本国内の作品ですが、書かれている内容は外国の作品についても当てはまることばかりです。外国の作品にも日本の作品と同じように接するようにしてください。

11 アート

著作権があると美術館は運営できない？

東京国立近代美術館

「美術館」と聞いたとき、どのようなイメージが思い浮《う》かぶでしょうか？　人物や動物の絵画や彫刻《ちょうこく》が思い浮かぶかもしれません。また、具象的なものばかりではなく、抽象的《ちゅうしょうてき》な平面作品や立体作品を想起するかもしれません。

しかし、美術館に展示されているものは、今やこうしたものだけではありません。写真や映像作品、空間全体を使った作品★01もあります。

こうしたさまざまな美術作品を楽しんでもらうために美術館はどのような工夫《くふう》をしているのでしょうか？　また、著作権法と美術館はどのような関係にあるのでしょうか？　明治時代から現代に至るまで、たくさんの近現代の美術作品を収蔵・展示している東京国立近代美術館の前館長、神代《かみよ》浩《ひろし》さんにお話をうかがいました。

お話をうかがった神代《かみよ》さん

★01 現代アートの表現方法の一つ。「インスタレーション」と言います。

ふらっと美術館へ

美術館の展覧会は大きく二つの種類に分けられます。自館が持っている作品を展示する「常設展示」と、特定のテーマを決めてほかの美術館から作品を借りて展示を行う「企画展示《きかくてんじ》」です。

高校生以下の場合、多くの「常設展示」は無料で観《み》られますし、「企画展示」であっても、大学生以下であれば割引価格で観られます。しかし、こういったことは世間には十分に知られていません。神代さんは、「中学生や高校生には、無料で美術館に入れることをぜひ知ってほしい。そしてふらっと気軽に美術館に来てほしいですね」と言います。

図書館では、本や新聞を読んだり、勉強をしたりと自由に過ごすことができる一方で、美術館には、それよりも敷居《しきい》が高い雰囲気《ふんいき》があるかもしれません。なぜ、美術館に敷居の高さを感じてしまうのでしょうか。美術館には誰《だれ》もが知っている有名な絵画や彫刻が置かれていることもありますが、作品によってはわけがわからないと感じてしまうことも理由の一つだと思います。しかし、東京国立近代美術館で収蔵・展示されている作品の場合、その作家は、私たちの両親や祖父母と比較的《ひかくてき》近い世代のはずです。神代さんは、「それほど遠くない時代に作られたものなのだから、どういう状況《じょうきょう》や動機で作品が生み出されたのかを想像してみると、身近に感じられることがあるのではないでしょうか」と言います。作品には、その時代の社会状況や作家個人の悩《なや》みなどが大きく反映されているので、自分と似たような生きづらい状況の中で制作されたことが伝わってくると、一気に作品との距離《きょり》が縮まるのだそうです。神代さんは言います。

「生きづらさは人によってさまざまですから、自分にとって近づきやすい作家や作品に必ず出会えるはずです。**生きづらさを抱《かか》えている人にこそ、ぜひ美術館に来てほしい**ですね」

教員が引率《いんそつ》するなどして、学校単位で鑑賞《かんしょう》することも年々増えているようです。２０２０年度からの新しい学習指導要領では、美術館をふくめた博物館の活用が推進されるので、美術に親しむ人はこれからますます多くなりそうです。

対話鑑賞

美術館は、来場者に作品を理解し、楽しんでもらうための工夫として、作品のキャプションや解説、小冊子、音声ガイドなどを提供しています。また、学芸員が一緒《いっしょ》に美術館を回りながら解説するガイドツアーも行っています。さらに「**対話鑑賞**」という新しい取り組みを実施《じっし》しているところもあります。

対話鑑賞とは、参加者それぞれが作品を観て感じたことや気づいたことを自由に述べあい、異なる意見や見方を共有し、作品にたいする理解をより深めるという鑑賞方法です。鑑賞者は、作家や作品、素材や手法などの知識をもっていなくてもかまいません。何か一つの正解が求められているわけではないので、観たまま、感じたままを話せば大丈夫《だいじょうぶ》です。

鑑賞者それぞれが感想を述べあった後、ようやくツアーガイドから、その作品には何が描《えが》かれているのか、どういう背景で制作されたのかなどの種明かしがあります。もちろん作品を理解するためにはそうした知識も必要です。しかし、神代さんは言います。

「知識だけではなく、あなたがその作品をどのように感じたのか、何かわからないことがあれば、なぜわからないかを考えることが大事なのです。他人の意見を聞くことで多様なものの見方に気がつきますし、それが作品への新しい理解にもつながります」

写真撮影《さつえい》

対話鑑賞を通した楽しみ方もありますが、もっと気軽に美術館を楽しむ方法としてあげられるのが写真撮影《さつえい》ではないでしょうか。最近では、作家の考えや作品の保護に配慮《はいりょ》しながらも、来場者が自由に写真撮影できる機会を増やしたいと考える美術館が増えています。さらに、一部の作品をスマートフォンで撮影することを許可し、来場者に**SNSでの情報発信**を積極的に呼びかける美術館も増えているようです。

一方、こうした写真撮影のときに問題となるのが**著作権**です。著作権には、作家の死後70年間という保護期間★02がありますので、その期間

東京国立近代美術館で行われている対話鑑賞「所蔵品ガイド」の様子。

を過ぎている作品は問題ありません。しかし保護期間中の作品であれば、著作権者が許諾《きょだく》しない限り、作品を撮影★03してホームページやSNSなど、不特定多数の人が見るところに掲載《けいさい》してはいけないという決まりがあります。自分自身や家族など、限られた範囲内《はんいない》で利用するのはよいが、それを公共の場に公開すると著作権法にひっかかる★04ということです。

美術館としては、来場者の方に楽しんでもらえるよう、作家や遺族の方と交渉《こうしょう》して、できるだけ写真撮影および撮影した写真の公開を認めてもらうように働きかけています。しかし、快く承諾してくれる作家もいれば、なかなか承諾してくれない作家もいるようです。**どのような条件で撮影を認めてもらえるか**が美術館の腕《うで》の見せ所となります。

ビジネスに美意識が求められるわけ

いま世界で活躍《かつやく》するビジネスパーソンの間で、美術館にたいする興味関心が高まっていることを、みなさんは知っているでしょうか？

★02 保護期間は国によって異なりますが、日本、そして欧米《おうべい》などでは70年と定めている国が多いです。

★03 著作権法が定める「複製」にあたります。

★04 また、著作権法とは別に、その施設内で写真撮影ができるかどうかは、施設の管理者が決めています。個人で楽しむ範囲で利用するとしても、施設の管理者がダメと言えば撮影自体が認められません。

これまで美術館は、好きな人だけが行く趣味《しゅみ》の世界として語られることの多い場所でした。また、「学校には美術や音楽などの芸術系科目があるけど、社会では役に立たないよ」と思っている人もいるかもしれません。しかし、今やそうした時代ではなくなってきています。それはなぜなのでしょうか？

昭和から平成にかけて、企業《きぎょう》は決められたルールのもとで、ひたすら効率的に会社の利益を追求すればよかった時代がありました。こうした効率を求めるロジカル（論理的）な思考は、誰《だれ》もが同じ一つの答えに行きつく科学的な思考と言えます。企業にとっては、そのたった一つの答えに向かってどれだけ時間やコストを減らしていけるかが勝負でした。しかし、企業やそのビジネスを取り巻く環境《かんきょう》はいま、非常に変化が激しく、かつてのように既存《きぞん》のルールのもとで考え、経験を積んでいけばよいという時代ではなくなったのです。

それでは、これからの社会で必要な考え方、働き方とはどういうものなのでしょうか。神代さんは、山口周《やまぐちしゅう》さんというコンサルタントの方があげていた事例を紹介《しょうかい》してくれました。★05

★05 『世界のエリートはなぜ「美意識」を鍛《きた》えるのか？』（光文社新書）の著者、山口周さんが、アートミュージアム・アンヌアーレ2018における講演で紹介されたエピソード。

ある携帯《けいたい》会社が、携帯電話の新型機種を開発していたときの話です。徹底的《てっていてき》な調査を行い、ユーザーのニーズにぴったり合った、機能的で使いやすい携帯電話を開発することに成功しました。そして自信作として発売したのですが、いざふたを開けてみると、なんとライバル会社の新商品もそっくりなものばかりだったのです。しかし、その中に一つだけ、他社とは違《ちが》うオンリーワンの商品がありました。それがアップル社のアイフォーンだったのです。

アップル社の最高経営責任者であったスティーブ・ジョブズは、ユーザーの好みに合わせるのではなく、「自分が携帯電話を持つとしたらどのようなものがよいか」「何が本当にカッコいいのか」という、自らの美意識を出発点に商品を開発しようという姿勢をもっていました。つまり、「こうした商品こそが美しい」という**美意識を製品化して売り出す**ことで、爆発的《ばくはってき》な成功を収めたのです。

ロジカルな考え方だけでは、ほかの人たちと同じ結論に行きついてしまう。そして、過去の経験やノウハウだけでは、新しいものを生み出すことはできない。革新的で、高い競争力をもつビジネスを生み出すためには、個人の美意識が必要になってくるのです。

それでは、美意識を鍛《きた》えるためには何をすればいいのでしょうか？　人類の美の歴史をつむいできた美術作品を観ることによってこそ、美意識は鍛えられます。だからこそ、世界で活躍するビジネスパーソンは、今こぞって美術館を訪《おとず》れているのです。

神代さんは言います。「美意識を鍛える上で対話鑑賞は有効です。自分の感想を表現するとともに、他者の感想にもふれることで、自分はどのようなものを美しいと感じるのか、感覚を研《と》ぎすますことができます」

神代さんはさらに、美術ブームとも言える現在の状況について次のように分析《ぶんせき》してくれました。

「現在日本のビジネスパーソンの間に広がる「美術ブーム」には、二つのタイプがあるのではないでしょうか。一つは、美術に親しむことで美意識を鍛えてこれからのビジネスに活かすというタイプです。もう一つは、欧米《おうべい》のビジネスパーソンと対等に会話するための教養として、美術の知識を身につけるというタイプです」

そして、教養のために美術を学ぶというタイプは、それほど目新しい話ではないと言います。

「日本は１９５０～１９７０年代にかけて高度経済成長をなしとげましたが、当時の日本のビジネスパーソンは、欧米からは、教養も趣味もなく金もうけしかできない「エコノミック・アニマル」と皮肉を言われていました。そうした中、資生堂の福原義春《ふくはらよしはる》さん★06や富士ゼロックスの小林陽太郎《こばやしようたろう》さん★07のような一部の優《すぐ》れた経営者たちは、ビジネスパーソンは教養を身につけなければならないとたびたび主張していました。その一方で、ビジネスを成功させるために美意識が必要だという考え方は、21世紀に入ってから徐々《じょじょ》に広がってきたと言えます」

ビジネスと倫理《りんり》

ロジカルな思考だけでビジネスを進めた結果、業界全体に似たような商品があふれてしまったケースについては先ほど書きました。そうなると、あとはどれだけ他社より安くできるかという泥沼《どろぬま》の価格競争が始まります。では次に起こることは何でしょうか？　神代さんはこう指摘《してき》します。

「消費者にわからないように品質を落としてコストを削減《さくげん》したり、自分たちにで

★06　１９３１年～。資生堂の名誉《めいよ》会長《かいちょう》。

★07　１９３３年～２０１５年。富士ゼロックスの元取締役《とりしまりやく》会長《かいちょう》。

きる以上のサービスを提供しようとして社員に過度な負担をかけたりするなど、組織のどこかに無理が生じてくるようになります。近年、日本の企業ではデータ改ざんや不正経理などの不祥事《ふしょうじ》がたくさん起こっていますが、安さだけを競い合った結果、こうした禁じ手を犯《おか》してしまうケースも少なくありません。企業は違法《いほう》でなければ何をしてもよいというわけではなく、倫理観が求められるのは当然です。どのような価値を社会に提供できるか、というビジネスの原点に戻《もど》るべきです」

新しいビジネスが倫理的に許されるのかどうか、ギリギリの線を模索《もさく》する企業として、山口周さんの書いた『世界のエリートはなぜ「美意識」を鍛えるのか？』（光文社新書）の中にグーグル社の例があがっています。

グーグルが人工知能（ＡＩ）の技術に優れた企業を買収したときのエピソードです。ＡＩにはまだ倫理的にさまざまな問題があり、法律やルール作りが追いついていない面があります。とはいえ、技術開発は他社に負けないようにどんどん進めないといけません。そうした状況でＡＩ企業を買収した後、まずグーグルがしたことは、ＡＩの倫理委員会を社内に作ることでした。専門家を集めて自らルールを作り、過度な開発に歯止めをかけようとしたのです。

神代さんは言います。

「ロジカルな科学的思考だけで進もうとすると、「人間より優秀《ゆうしゅう》な人工知能を開発してもいいのか?」「クローン人間を作ってもいいのか?」といった、倫理的な問いに必ずぶつかります。そのときにビジネスパーソンに求められるのは、**自分の行動が社会や人類にとって善きことであるのかどうか**を判断することです。その判断を行うさいに必要となるのは、人類が長い年月をかけて残してきた、「真善美」にかんする思考の蓄積《ちくせき》です。現在私たちが目にすることのできる美術作品は、そのような思考の過程と深いところでつながっています。現代のビジネスパーソンが美術館に向かうのは、そうした理由もあるのではないでしょうか」

美術館を支える人たち

ところで美術館はどのように運営されているのでしょうか? 美術館の基本的な機能は、美術作品の収集・保存・展示で、その中心にいるのは学芸員です。そのほか、美術館を組織として運営するための事務職員がいます。従来、美術館のスタッフは学芸員と事務職員だけだったようですが、東京国立近代美術館では職種の専門化が進んでいると神代さんは言います。

「現在は、所蔵品ガイドなどの教育プログラムを提供できる、美術と教育の専門知識を兼《か》ね備えた職員のほか、広報・宣伝を専門に担当する職員もいます。また、収入としては入場料のほか国からの運営費補助金がありますが、それだけでは運営費が足りないため、スポンサーとなってくれる企業を集めることに長《た》けた職員もいます。今後は、コンサートやイベントなどの企画・実施を専門に担当する職員も必要になるでしょう」

神代さんは続けます。

「オランダにあるゴッホ美術館は、一時期、入場者数が低迷していました。そこで経営の専門家を二人目の館長として招き、展覧会を開くたびに**コンサートやダンスパーティー**などのイベントを開催《かいさい》したり、企業などに施設を貸し出したりしたところ、入場者数が急上昇《きゅうじょうしょう》したのです。★08 このようにイベントに来ることを目的としたお客さんが、ついでに美術館に来るのでもまったく問題ないわけです。東京国立近代美術館の支援企業《しえんきぎょう》の中にも、当館の施設で株主総会を開き、閉会後に美術品を楽

★08 圀府寺司《こうでらつかさ》「劇的に進化するファン・ゴッホ美術館。日本と何が違うのか?」(国立国際美術館ニュース228号／2018年10月2ページ－3)より。

しんでいただいている例もあります。美術館は今、美術作品を活用しつつ、さまざまな人が集まる場として運営していくことが求められています」

こうした新たな取り組みとともに、美術館は今後、収集・保存・展示を基本としながらも、従来と異なる姿に変わっていきそうです。そこでは、ビジネスのアイディアが生まれ、積極的な意見交換《いけんこうかん》も当たり前になっているかもしれません。

著作権があると美術館は運営できない？

さて、先ほど写真撮影の話題で少しふれましたが、美術館では美術作品の著作権をどのように取りあつかっているのでしょうか？　大きなポイントは「著作権者から利用の許諾を得なくてもよいケースがある」ということです。そして、だからこそ美術館はスムーズに運営できるそうなのですが、いったいどういうことなのでしょうか？　いくつか具体例を紹介したいと思います。

事例① 小冊子

美術館では、展覧会に関連した小冊子を作ることがあります。美術作品は著作物ですので、複製して利用する場合、通常であれば著作権者の許諾を得なければなりません。こうしたルールにのっとれば、作品の画像を小冊子に載《の》せていいかどうか、1作品ずつ確認《かくにん》しなければならないということになります。

しかし、著作権法は、展覧会の開催者が展示作品の解説のための小冊子を作る場合、**著作権者の許諾なしでも展示作品を掲載できる**としています。著作権者のもつ権利を制限しているわけです。これによって美術館はスムーズに小冊子を作ることができるのです。

ただし、気をつけなければならないポイントもあります。ある美術館の展覧会で、画家の作品カタログを無許諾で制作したところ、遺族の方から著作権侵《しん》害《がい》を理由に訴訟《そしょう》を起こされ、裁判で負けてしまったケースがありました。著作権法にある「小冊子」という言葉を拡大解釈《かくだいかいしゃく》して、より豪華《ごうか》なカタログまで無許諾のまま作成してしまったことが原因でした。美術館が無許諾で作ることを許されているのは、あくまで**展示作品の解説を目的とした「小冊子」だけ**で、鑑賞用のカタログや画集などはこれにふくまれないということなのです。

事例②　展示

著作権法には、「展示権」という権利も定められています。作品を生み出した本人（著作権者）が展示をするための権利で、作品を公共の場所に展示するさいには、著作権者の許可を得ないといけません。しかしそうなると、美術館が自ら収蔵している作品を使って展覧会を開くときでも、その都度一つひとつの作品について展示の許諾を得なければならないはずです。しかし、美術館はそうしたことを行っていません。

なぜなら著作権法では、**作品の所有者やその同意を得た者は、著作権者の許諾なしに展示をしてもよい**とされているからです。この規定がないと、美術館はスムーズに展覧会を開くことができません。美術館にとって最も重要な規定と言っていいでしょう。

事例③　デジタルデバイス

今、美術館の展示案内として、**館内専用のタブレットやスマートフォンなどの電子《でんし》端末《たんまつ》専用のアプリを使うサービス**が広がっています。作品解説の中では美術作品の画像も表示させるのですが、これが先ほど出てきた「小冊子」への掲載に当たり、著作権者への許諾なしに利用してよいかどうかが問題となっていました。しかし２０１９年１月施行の法改正で許諾なしでの利用が認められた[★09]ため、今後はさらにサービスが拡大されることが予想されます。これによって、展覧会や作品の紹介、アンケート（人気投票など）の実施がより充実《じゅうじつ》し、作家や美術館がより身近に感じられるようになるはずです。

＊

こうした規定がないと、展覧会を開くたびに、膨大《ぼうだい》な量の許諾作業が必要になってしまいます。つまりは展覧会の開催に必要な時間もコストも手間も極《きわ》めて大きなものになり、美術館をスムーズに運

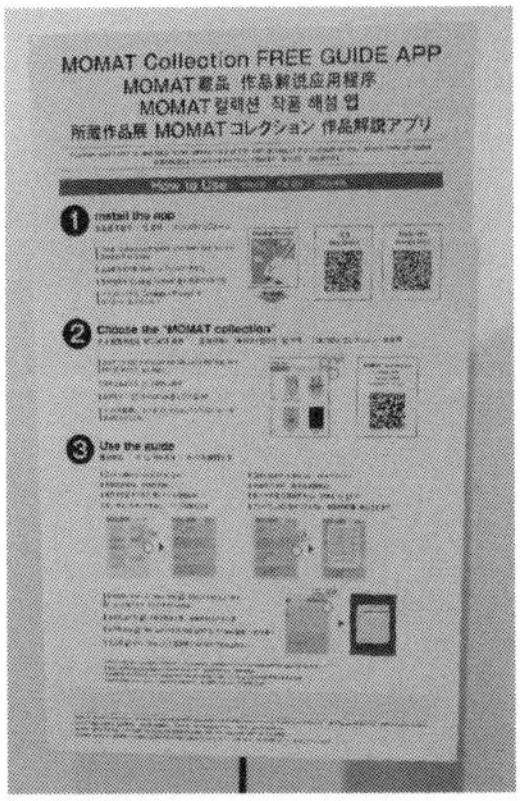

東京国立近代美術館の作品解説アプリの案内板。アプリを使えばスマートフォンでじっくり解説をチェックできます。

★09 ただし、来館者のスマートフォンにダウンロードするアプリの場合、表示できる作品画像のサイズはサムネイル程度の小さなものしか認められません。

営することができなくなってしまいます。美術館の本来的な機能を果たすために、著作権者の許諾を得なくてもよいという規定はとても重要なのです。

美術館は、こうした規定もふまえ、著作物の利用と著作権保護とのバランスに気をつけながら、ますます大きくなる社会的な役割や期待に応えていくでしょう。

（島林）

教えて！桑野先生

アート

美術館での著作物の利用

神代《かみよ》さんのお話から、著作権法には著作権者に許可を得なくても利用できる場合が定められていること、そのおかげでみなさんが美術館で作品を楽しめることがよくわかりましたね。

この本では著作権という権利の大切さを紹介《しょうかい》してきましたが、その一方で著作権法は、権利を守ることよりも、利用を認めることのほうが文化の発展のために必要だと考えられる一定の場合には、許可を得なくても作品を利用してよいことにしています。

神代さんが説明してくださった**美術館での著作物の利用**もその一つです。美術館で作品を展示すること、展示にさいして観覧者用の小冊子を作って販売《はんばい》することなどは、本来は著作権についての許可が必要ですが、不要だとされています。優《すぐ》れた美術作品にふれること、その作品について理解することは人々が豊かな生活を送るために必要なことだからです。

同じように、**学校教育の場**で、教科書に作品を掲《けい》載《さい》すること、授業のさいに先生が教材として作品をコピーし配布することなども、学校教育のために必要なこととして認められています。

自治体や大学の**図書館**が本やCDを無料で貸し出したり、蔵書のコピーを提供したりするのも、本来は許可が必要なのですが、より多くの人に作品にふれる機会を提供するために許可なく行えることになっています。

また、購入《こうにゅう》したCDをMP3プレーヤーにコピーすること（**私的使用目的の複製**）、学園祭などでみなさんがノーギャラで演劇作品を無料で上演すること（**営利目的ではない無料・ノーギャラの公演**）などは、権利者にとっての不利益がとても少ないと考えられることから、許可は不要とされています。

ただ、これらはあくまで例外です。細かい要件を満たさないと著作権法に引っかかってしまいますから、よく確認《かくにん》をする必要があります。

あとがき

まだ若いみなさんにとって、権利や法律というものは、それがとても重要であることを知ってはいても、実感をもって理解するのは難しいと思います。

本書は、みなさんが日々ふれている知的財産（創造物）について、創作に携《たずさ》わる方々から具体的な仕事の内容を説明してもらいつつ、そこにかかわる権利と法律をわかりやすく伝えるための書籍《しょせき》です。

音楽、本、テレビ、映画、舞台《ぶたい》、ゲームなど、暮らしの中にある創造物と「著作権」「特許権」「意匠権《いしょうけん》」「商標権」などの権利は深く関係していること、それを知ることで未来の夢や仕事の可能性も広がることを、読者のみなさんに少しでも実感してもらえたら、これほどうれしいことはありません。

また、本書の関係者が伝えたい「共通の思い」があります。知的財産やその法律は、みなさんが人生を歩んでいく上で「最も大事なこと」を教えてくれるということです。

文学の章で、「創作活動は一人で完結するものではなく、社会から刺激《しげき》を受けたり、他者からアドバイスをもらったりすることが大切」という話が出てきました。しかし、谷川俊太郎《たにかわしゅんたろう》さんは、言葉を一つひとつ慎重《しんちょう》に選び、3カ月もかけて悩《なや》みながら作り上げた作品が知らないところで勝手に変えられたら、「非常に気持ち悪い」と思うとも述べられています。この「気持ち悪い」という思いは、悪い感情ではありません。そう感じることが必要な「時」や「場面」に、私たちは多く出合うからです。

解説の中で桑野雄一郎《くわのゆういちろう》先生が、詩や小説などの言語著作物には、創作した人の人格が表れているという考えから「著作者人格権」という権利が認められており、作品を勝手に変えられるのは嫌《いや》だという気持ちは、その作品を創作した人なら誰《だれ》でももっていることだと説明しています。

この権利は詩人や小説家だけにあたえられているものではありません。みなさんも立派な人格権を有しています。そしてみなさんの周りにいる家族、友だち、隣人《りんじん》など、どんな人にも人格権があり、それを侵《おか》されない権利をもっているのです。

たとえばみなさんが、自分の書いた作文の内容を、学校の先生やクラスメイトに勝手に変えられてしまったり、出してほしくないのに自分の名前入りで配布されたりしたら傷つくはずです。逆に、自分が同じようなことをしてほかの人を傷つけてしまうこともあるでしょう。そんなとき、私たちはおたがいを尊重していません。

みなさんがもつたくさんの時間と未来へ開かれた道を、幸せなものにしてもらいたいと願います。そのために今のうちから、私たちがおたがいを尊重するのと同じように、相手の人格が表れた創作物を大切にあつかう意識をもつことが重要なのです。私たちは誰でも、それぞれの人格を通して、物心ついたときから創造活動を始めているからです。

ミュージカルや映画で知られる「レ・ミゼラブル」の原作者であるフランスの作家、ヴィクトル・ユーゴー（１８０２年～１８８５年）は、国境を越《こ》えた著作権の保護を世界で最初に定めたベルヌ条約の発案者として知られています。

１８７８年に開かれたある会合で、ユーゴーはこういう内容の発言をしています。

「書籍は書籍として著作者に帰属します。しかし、思考としては人類に帰属します。あらゆる知性はそこに権利があります」

この言葉は、権利とは「自分と他者双方《そうほう》の利益と幸福を追求する」考えをもとにしたものであることを教えてくれます。フランス革命（1789年）以降、自分たちの力で民主主義的な権利を獲得《かくとく》していったフランス市民は、知財をめぐる権利意識の高さをも歴史の中で示しているのです。

音楽の章のコラムにあるように、19世紀の音楽家たちが、パリのカフェで自分たちの楽曲が断りなしに演奏されている状況《じょうきょう》に胸を痛め、訴《うった》えたことが、世界初の音楽著作権管理団体の設立につながりました。かつて音楽家たちが感じた「胸の痛み」は、谷川さんの思いと似ているかもしれません。ユーゴーや音楽家たちが自らの考えを伝え、具体的に行動しなければ、世界中のクリエイターが創作活動によって生活することは難しくなっていたでしょう。

自分の痛みを相手に知らせ、同時に他者の思いも理解する――それが、私たちが社会の中で自己を実現するための第一歩になるのだと思います。

本文中で紹介《しょうかい》した先輩《せんぱい》たちの言葉が、みなさんの創造性あふれた人生のお役に立つことがあれば本当に幸せです。「バレエ」の章で俳優の草刈民代《くさかりたみよ》さんが言った「好きなことを見つけ、「何をすればできるようになるのか？」と考え、答えを見つけ、実行していく」こと。それは大人になったときに、生きていく上での「土台」になるはずです。

2016年4月の熊本地震《くまもとじしん》の後、「復興にむけた「新たな創造」のきっかけとして、知財の知識を被災地《ひさいち》の子どもたちに届けたい」という著者4人の願いから、本書の企画《きかく》は誕生しました。その後、大きな災害が毎年のように起こり、日本各地の被災者のみなさまに寄せるわれわれ著者の思いは増すばかりです。そのため、本書の売上金の一部は、被災地への義援金《ぎえんきん》として寄付させていただくこととといたしました。

最後になりますが、被災地への復興支援《ふっこうしえん》という本書の主旨《しゅし》をご理解いただくとともに、日本の若者たちの幸福な未来と彼《かれ》らの創造力の発展を切に願い、本書制作のために多大なご協力をいただいたすべてのみなさまに、この場を借りて心からの敬意と感謝を表させていただきます。

また、本業が多忙《たぼう》な中で、初心を忘れることなく取材や執筆《しっぴつ》に取り組んでくださった、共著者である萩原理史《はぎわらまさふみ》さん、田口壮輔《たぐちそうすけ》さん、島林秀行《しまばやしひでゆき》さん、そして本書の制作に当たって常に法律家としての適切なアドバイスをくださり、各章のためにわかりやすい解説ページをご執筆くださった高樹町法律事務所の桑野雄一郎先生、著者たちの執筆を見守り、編集対応を続けてくださった晶文社《しょうぶんしゃ》の浅間麦《あさまむぎ》さんに、心より御礼《おんれい》申し上げます。

2019年10月吉日　内田朋子《うちだともこ》

ま行

や行

ら行

さくいん

このさくいんでは、知的財産にかんする用語が使われている主なページをまとめました。

あ行

か行

さ行

た行

な行

は行

【著者について】

内田朋子（うちだ・ともこ）

1990 年青山学院大学経営学部経営学科卒業後、共同通信社に入社。編集局写真企画部、写真データ部にて撮影取材や写真データベース業務等に携わる。デジタル戦略本部企画開発室委員等を経て、現在、編集局ニュースセンター校閲部委員。京都芸術大学非常勤講師。

萩原理史（はぎわら・まさふみ）

2007 年慶應義塾大学大学院政策・メディア研究科修了後、三菱 UFJ リサーチ&コンサルティング（株）に入社。同社にて、映像産業を中心としたメディア・コンテンツや芸術文化政策等にかかわる調査研究業務に携わる。

田口壮輔（たぐち・そうすけ）

2009 年筑波大学大学院システム情報工学研究科修了。博士（社会工学）。三菱 UFJ リサーチ&コンサルティング（株）に入社後、産業政策、コンテンツ政策、著作権制度等にかかわる調査研究業務に携わる。

島林秀行（しまばやし・ひでゆき）

2004 年早稲田大学フランス文学専修卒業。メディア業界、三菱 UFJ リサーチ&コンサルティング(株)を経て、(株)パーソル総合研究所 広報室長。複業でスタートPR 合同会社の代表を務め、大手企業向けの現代アートや PR の事業を展開。

【監修者について】

桑野雄一郎（くわの・ゆういちろう）

弁護士。1991 年早稲田大学法学部卒業、1993 年弁護士登録。2003 年骨董通り法律事務所設立。2018 年高樹町法律事務所設立。現在、東京藝術大学音楽学部非常勤講師等を兼務。

すごいぞ！ はたらく知財《ちざい》

14歳《さい》からの知的財産入門《ちてきざいさんにゅうもん》

2019年11月30日　初版
2025年 6 月 5 日　6 刷

著者　内田朋子、萩原理史、田口壮輔、島林秀行
監修　桑野雄一郎（高樹町法律事務所）
発行者　株式会社晶文社
東京都千代田区神田神保町1-11　〒101-0051
電話03-3518-4940（代表）・4942（編集）
https://www.shobunsha.co.jp/
装丁　佐藤亜沙美（サトウサンカイ）
DTP　有限会社 修学舎
印刷・製本　中央精版印刷株式会社

ISBN 978-4-7949-7152-4
Printed in Japan

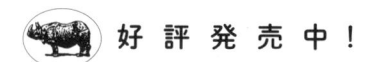